質問型営業で
アポ取り・訪問がラクになる

アプローチは「質問」で突破する！

青木 毅

同文舘出版

はじめに　「質問」を使えばアプローチの悩みは消える!

営業におけるアプローチ（電話アポイントも含め）は非常にやっかいで、多くの方がこんな経験をしているはずです。

①お客様に「あまり時間がない」と言われたので、「では、さっそく……」と、チラシやパンフレットを渡して、焦って説明すると、「あぁー、こういうのね。わかった。また見とくよ」と言われ、面会は一巻の終わり。

②お客様が「多少なら時間はあるよ」とおっしゃったので、「ありがとうございます。それでは……」と、カタログを開いて話しはじめると、なんとなく退屈そうな顔になり、「申し訳ないんだけど、ちょっと用事を思い出してね。また、次回聞くよ」と言われ、あえなく退散。

わずかな時間の面会を終え、ドアを閉めた瞬間に全身から力が抜け、ガクッ！

「なんだよ、もう少し話聞いてくれよ」「せっかく電車に乗って、1時間もかけて来たのに、話を聞いてくれたのはたったの10分かよ」とぼやきます。

腹立たしいやら、悔しいやら、情けないやら……持って行き場のない怒りが込み上げてくることでしょう。

「どうすりゃ、もっとうまくアプローチができるんだよ！」と言いたいあなた。その解答がこの本の中にあります。この本は営業のアプローチで悩んでいる人にとっておきの1冊で、やっかいなアプローチを成功させるための方法が順を追って書いてあります。


その方法とは、ひと言で言えば、アプローチを3つの段階に分けて、それぞれの段階で適切な質問をしていくことです。質問によって会話を進めるので、「売り込み」と受け取られることなく、スムーズに話が進みます。

また、流れに沿って決まった質問をしていくので、どんな人でも取り組むことができます。


『説得・説明なしでも売れる！「質問型営業」のしかけ』『質問型営業で断られずにク

ロージング 営業は「質問」で決まる！』（ともに同文舘出版）、『最前線で差がつく加速交渉術！ ビジネスリーダーの「質問力」』（角川ＳＳＣ新書）もあわせてお読みいただければ、私が提唱する「質問型営業」の全容が、よりおわかりいただけるでしょう。著者自らが実践し、確たる成果をあげてきた、保証付きの方法です。

※①、②の事例の営業マンが質問型営業を学んでどうなったかを先に知りたい方は、「おわりに」を読んでください。

２０１３年６月

青木毅

質問型営業でアポ取り・訪問がラクになる
アプローチは「質問」で突破する！　目次

2章 質問型営業はアプローチの常識を劇的に変える

3章 アプローチの3段階――これがわかれば、適切な質問を使うことができる

4章 質問型アプローチ 第1段階 ファーストコンタクトで興味・関心を引く

5章 短時間で人間関係を築き、お客様をオープンにする

質問型アプローチ 第2段階

6章 お客様の欲求を最大限に高めて、プレゼンに入る

質問型アプローチ 第3段階

7章 アプローチでの〝ありがち断り文句〟にも、やっぱり質問で対応する

8章 質問型営業が営業を変える！

カバーデザイン　三枝未央
本文デザイン・ＤＴＰ　シナプス

1章

説明しない・説得しない
がんばらない「アプローチ」が購入につながる

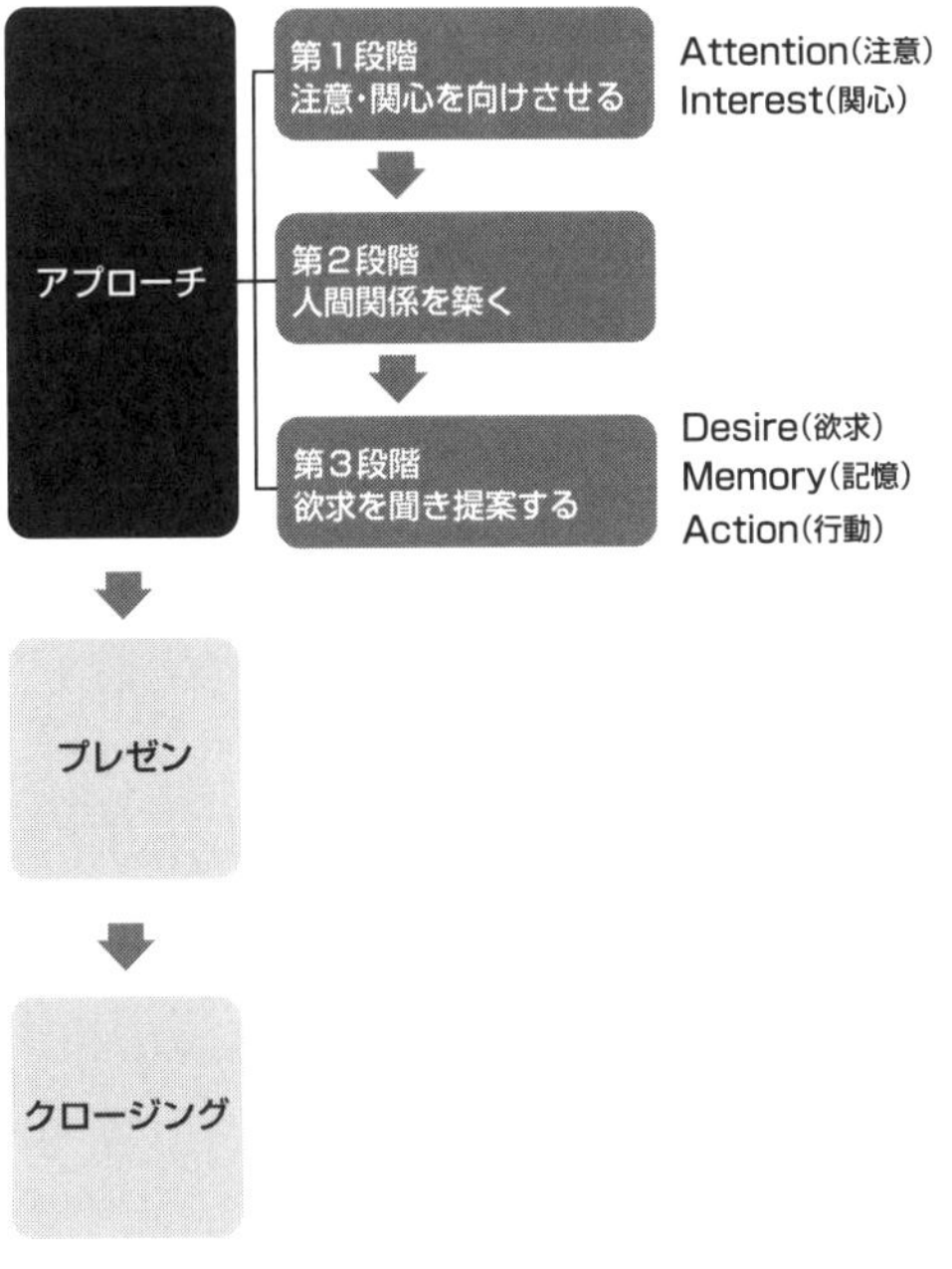

1 なぜ、お客様は話を聞いてくれないのか?

飛び込み営業の世界では、日々、こんなシーンが展開されています。


「失礼します」

「何でしょうか?」

「はい、私ども○○を提供していまして。一度ご紹介をと思いまして」

「あー、そういうのは結構です」


電話でアポイントを取ろうとすると、こうなります。


「もしもし、△△会社様ですか?」

「何でしょうか?」

「はい、私ども、貴社の業務の効率化に……」

「あー、そういうのは結構です」


「『あー、そういうの』って一体何だ？」「まだ、何も話してないじゃないか！」

無下に扱われたら、あなたは心の中でこう憤るでしょう。しかし、あなたがどう思おうが、こういう光景が毎日、至るところで繰り返されています。


かつての私もそうでした。

お客様には申し訳ないんですが、前に書いたような対応をされると、正直、頭にきました。お客様が鬼に見えたことさえあります。

「話ぐらい聞いてくれたっていいじゃないか！」『俺が一体何をしたっていうんだ！』『営業なんてやめちまおうか！』と思ったこともあります。

なぜ営業マンは嫌われるのでしょうか？　なぜ断られるのでしょうか？

ひと言で言えば、**お客様の欲求が低いから**ということになります。

その商品を使ったらどれほどメリットがあるのか、営業マンの話を聞くだけでもどれほどメリットがあるのか、わかっていないのです。それが、欲求の低い状態なのです。

そこに突然営業マンがやってきて、商品について語られても、聞きたいと思わないのは当然でしょう。

お客様は「そんなことを突然言われても……」と困ってしまい、その結果、「あー、そういうのは結構です」となってしまうのです。

POINT

営業マンがアプローチした時、お客様は商品に対する欲求が低い状態にある。

そこで説明をしても話を聞いてもらえないのは当たり前。

2 「売り込まれたくない」お客様と、「知ってほしい」営業マン

営業マンがアプローチをかける時、お客様は話を聞くことにメリットを感じていませんし、商品を「欲しい」と思っていないのが普通です。

お客様は、基本的に**売り込まれることに抵抗感があって、自分の意志と適切なタイミングで買いたい**と思っておられます。欲しい情報はインターネットですぐに収集できるのがいまの世の中ですから、お客様は自分が納得できる物を、納得できる時期に買おうとします。

でも、そのタイミングを待っていたら、いつ買ってもらえるかわからないということで、売り手は宣伝攻勢をかけます。「**自社の商品・サービスの説明を聞いてもらえば、お客様の欲求が高まる**」、これが世の中のほとんどの企業と営業マンの考えかもしれません。

営業マンは自社の商品・サービスのことをいつも考えています。四六時中考えている

と言ってもいいでしょう。したがって商品・サービスのメリットもわかっているでしょうし、それらが果たす役割や、どれほど役立つかもわかっているでしょう。だから、お客様にそれをお知らせしたくなるのです。提案したくなるのです。

しかし、それは自分自身が商品・サービスを熟知しているからこそなのであって、お客様はそこまで関心を持ってはいません。

ですから、お客様は基本的に営業マンに警戒心を持つものです。営業マンがいきなりチラシを出して説明しようものなら、「**しつこく売り込まれたら困るから、話を聞かないでおこう**」と思うのです。

お客様に話を聞いてもらうためには、興味を引かなければなりません。ところが、興味を引こうといきなりカタログやチラシを出すと、お客様は売り込みを警戒し、心のシャッターを閉ざしてしまう――これが、アプローチの難しさと言えるでしょう。

POINT

営業マンの商品・サービスに対する思いと、お客様のそれに対する欲求には温度差がある。

3 お客様は自分の欲求をわかっていない

こちらがアプローチした時点では、お客様の欲求は低い状態にあるとお話ししましたが、これは**「欲求がない」のではなく、「欲求が明確になっていない」**ことを意味します。

多くのお客様は、自分の欲求をあまりわかっていません。

具体例で考えてみましょう。

今、あなたはリビングに置くソファーが欲しいと思いつき、家具店に行くことにしました。この場合、単にソファーが欲しいという理由で家具店に行くことでしょう。具体的にどんなソファーが欲しいのかは、まだ漠然としか考えていないはずです。つまり、**欲求が曖昧な状態**です。

たとえば、何人掛けのもので、どのように使いたいのかなどは、この時点では漠然としています。そのような状況で家具店に行くのですから、さまざまな種類のソファーを目にしたとたんに迷い出します。結局決まらず、他の店も見てみようということになります。

もしそこに営業マンがいて、こう聞いたらどうなるでしょうか？

「どういう状況で使いたいのですか？」
「最大何人が座れればいいのですか？」
「どんな材質がいいのですか？」
「どのようなリビングで、どのようにマッチすればいいのですか？」
「こんな場合にも使えるようにしたいという希望はありますか？」

このように、質問を投げかけられることで的が絞られていき、漠然としていたソファーのイメージが、やがて明確になっていきます。そしてイメージが明確になるにつれて、ソファーに対する欲求が俄然高まっていきます。

と同時に、営業マンもお客様の欲求が具体的にわかるので、それにかなった商品を数点選んで、お客様に提示できるようになります。

結果として、お客様は迷わずその中から選ぶことができ、非常に満足されるでしょう。

このように、**お客様は欲求が明確になって、はじめて購買意欲を高めます**。欲求が明確になればなるほど、お客様の購買意欲は高まり、営業マンの話を積極的に聞くようになります。

かつてのような物不足の時代であれば、商品・サービスの説明をすることで、お客様の欲求が引き出され、高まりました。

しかし、時代は変わりました。情報過多で、お客様は混乱しています。いろいろな情報が入り、自分の欲求が、かえってわからなくなっているほどです。だからこそ、営業マンによる「お客様の欲求への質問」が効果を発揮するのです。

POINT

「欲しい」と感じていない状態のお客様であっても、欲求がないわけではない。お客様は、自身の欲求をよくわかっていないことが多いもの。

4 「説明」ではなく「質問」が、お客様の欲求を無理なく高める

先のソファーの例で見たように、**お客様は自身の欲求を自覚していないことが多く、営業マンから質問され、それに答えていく中で、次第に自分の欲求に気づいていくもの**です。

つまり、**営業で大事なことは、お客様の欲求の明確化であって、営業マンの説明ではない**のです。

ところが、実際には、自分の話の内容で興味を持ってもらおうとする営業マンがたくさんいます。私はこれを「**説明型営業**」（または「説得営業」）と呼んでいます。

これに対し、質問によってお客様の興味・関心を知り、それを聞き出した上で商品・サービスを提案する方法を「**質問型営業**」といいます。

私は営業コンサルタントとして、企業の営業指導をしていますが、正直言って、**90%**

の営業マンは、まだ「説明型営業」をしていると感じています。

「お客様、この商品はこの部分が優れていまして、これは今までにないことなんです」

「この商品は最近発売になったのですが、この部分が特にいいんです」

商品のメリットのオンパレードで、止まることがありません。

一方、苦もなくアプローチに成功する営業マンは、質問してお客様の興味・関心を聞き、そして、その方向に沿って話を進めています。お客様が聞きたいと思っておられる状態で話をはじめるので、熱心に聞いてもらえるのです。

したがって、先ほどのアプローチの正解は次のようになります。

「お客様、この商品のどのようなところに興味を持ってくださったのですか？」

「この商品は最近発売になったのですが、どのようなところを気に入ってくださったのですか？」

深く考えすぎずに、たったこれだけのことを質問すればいいのです。

この簡単なことがわかれば、アプローチは極めて楽になります。お客様の欲求を聞いて聞いて、その方向に沿って話をすればいいだけなんですから。それによって喜ばれ、感謝されるのが営業なのです。

POINT

営業マンはお客様の興味を「引く」のではなく、質問によって興味を「聞く」。

5 流暢に話さなくてもいい

多くの営業マンは「自分がうまくアプローチできないのは、流暢に話せないから」ともおっしゃいます。


「実は、御社の社員教育に非常に役立ついいお話がありまして……」

「へー、どんなの?」

「社員様のモチベーションを継続的に高める方法でして……」

「どういうふうに?」

「研修と個人指導で行なうのですが……」

「あー、そういうものね。それだったら、以前にやってみたけど効果が弱いんだよね」

「それがですね……」

「まー、じゃ、カタログかなんか置いといて、見ておくから」

「はー……」

「じゃ、今日はあと用事があるから！」

「いや、あの、もうちょっとだけお話聞いてもらえま……」

よくある光景です。企業に対する提案であろうと、個人に対する提案であろうと、同じようなことが日々、営業の現場で起こっています。

こうした場面で、営業マンは「もう少し、うまく話ができれば」「もう少し、話を聞いていただければ」と考えがちですが、それによって問題が解決するわけではありません。

繰り返しお伝えしてきたように、お客様は、私たちが売っている商品・サービスの情報には興味がないのです。

では、どうすればいいのかというと、すでにご紹介してきたように、お客様の興味・関心を聞いた上で、商品・サービスの話をするよう徹底することです。

先ほどの例では、次のようにすればいいのです。

「実は、御社の社員教育に非常に役立ついいお話がありまして」

「へー、どんなの？」

「その前に、社長様のところでは、社員教育について取り組んでおられますか？」

「もちろん、やっているよ」

「そうですか、さすがですね。どのようにやっておられるのですか？」

「いろいろだね」

「たとえば、社員様のモチベーションを高めることなんかは、やっておられますか？」

「やっているよ」

「どういう風に取り組んでおられますか？」

「研修なんかで定期的にやっているよね」

「効果はどうですか？」

「見えにくいよね。こういうものは」

「なんとかしたいとは思っておられるのですか？」

「そりゃそうだ」

「では、もっと効果のある方法があればどうですか？」

「そりゃ、聞きたいね」

「そうですか。実はあるんです」

「そうなの」

「お時間はありますか？」

「どれぐらいかかるの？」

「1時間ほどいただければ」

「じゃ、今から聞いてみようか」


いかがでしょうか。興味・関心を聞いた上で、商品・サービスの話をすれば、こんなにもスムーズに話が進むのです。

POINT

流暢に説明する必要はない。お客様に質問し、興味・関心を知った上で、その方向に沿って話を進めることが大切。

6 仲よくならなくてもいい

契約していただくには、お客様と仲よくなる必要がある。だから、営業マンはどんな人とも瞬時に仲よくならなければならない――こうしたプレッシャーを感じている方も少なくありません。

そのために、不自然な会話をしてしまうケースが後を絶たないように感じられます。

たとえば、会合等で人に出会った際に、つい〝営業マンとして〟接してしまうことはないでしょうか。経営者と出会った時には、

「いや、会社をしっかりやっておられますね」
「社長の姿勢がすばらしいですね」
「社員さんへの教育が行き届いていますね」

あるいは、
「いいものを使っておられますね」
「いい車に乗っておられますね」

こんな具合に、褒め言葉を口にしがちではないでしょうか。

褒めることは「あなたに注目していますよ」と示すことですから、とても大事なことです。しかし、褒めたからといって、相手があなたの商品・サービスについて話を聞いてくれるかといえば、それは別の問題です。

「そういう社長にこそ、いいお話があるのですが」とか「そういう方であれば当然、○○に興味を持っておられると思うのですが」などと言えば、「まぁ、一度検討するよ」「今は必要ないけど、そのうちにまた必要な時が来ると思うんでね」なんて、軽くあしらわれたりします。

そのたびに「これだけ仲よくなったのに、なんで話を聞いてくれないの?」「ちょっとくらい聞いてくれたっていいんじゃないの?」という思いが込み上げてくるかもしれませんが、それは、**これだけ仲よくなったんだから話を聞いてくれるはず、という思い**

込みなのです。

お客様は、**仲よくなったから商品やサービスの話を聞くのではありません。必要だと感じるから聞く**のです。ですから、仲よくなった後は、次のように聞けばいいのです。

「そういう社長であれば、○○について考えられることはないですか？」

「それはたまにはあるよね」

「そういうときに、どのようにしているのですか？」

「一時的には思うけど、バタバタしているうちに忘れてしまうよね」

「ということは、なんとかしたいとは思っておられるということですか？」

「そうだね」

「いい方法がありますよ。一度、私どもの話を聞かれませんか？」

「そうだね、じゃ、聞かせてもらおうか」

営業は、お客様と仲よくなって売り込むことではありません。

何度もお伝えしているように、営業とは、お客様の欲求に沿って話を展開することです。ですから、お客様がどういうことを考えているのか、何を望んでいるのかを聞くことが必要です。

「仲よくさえなれば……」と思い込んでしまうのは、どうしても話を聞いてもらいたいという意識が強いからです。**「聞いてもらいたい」ではなく、お客様は「聞きたいという欲求を持っているかどうか」**を確認してみてください。お客様は仲よくなったから話を聞くのではなく、「役に立つかもしれない」と思うから話を聞くのです。

このように見てみますと、営業マンの仕事とは、**「商品・サービスを売ること」ではなく、いかにお客様のお役に立てるか、お役立ちできるか、**だと言えます。

POINT

「お客様と仲よくなったら話を聞いてもらえる」というのは営業マンの思い込み。お客様には特定の欲求があり、役に立つかもしれないと思うから話を聞く。

7 ただお客様にしゃべってもらうのが営業マンの仕事

「質問によって、お客様の欲求を見極め、引き出し、高めること」

これが、私が提案している質問型営業の勘所です。その背景には、**「営業とは、売るのではなく、買ってもらうことである」**という考えがあります。


ここでいう「売る」と「買う」には、決定的な違いがあります。

その違いは、営業に対する考え方だけでなく、仕事そのものに対する考え方、ひいては生き方に対する考え方にまで影響を与えます。ビジネスマンとして成功するかどうかは、この違いを理解し、実感し、実行するかどうかにかかっていると言っても過言ではありません。

「営業とは、売るのではなく、買ってもらうことである」という言葉を、私は29歳で聞きました。

しかし、当時の私にはそれを理解する力がありませんでした。また、私の周りにこの言葉の意味をしっかりと教えてくれる人もいませんでした。そういう風に見てみると、この意味をわかっている人がいかに少ないかということです。この言葉は営業の肝であるだけでなく、生きていくための肝ぐらいに思っています。

この言葉の根底には、**「すべての人は自分の意志を持っている」**し、**「その意志にしたがって動きたいと思っている」**という思想があります。それが「売るのではなく、買ってもらうことである」という言葉で表現されているのです。

この言葉を実現するために、質問が大いに効果を発揮します。お客様の意志がすべてであり、それをナビゲートするのが営業マンです。ですから、**お客様の「買いたい」という意志を引き出すために、営業マンはただただ質問をしていく**のです。

POINT

営業とは「売る」のではなく「買ってもらう」こと。お客様の「買いたい」という意思を引き出すために質問していく。

8 アプローチの質問が結果を左右する

結局のところ、営業マンは、「アプローチ」で何をすべきなのでしょうか。ひと言で言えば、アプローチでやるべきこととは、**「売り込まれるかもしれない」という警戒心を持たれずに、お客様の欲求を見極め、引き出し、高めること**、これに尽きます。

そもそも、「営業」には次の3つの段階があります。

①アポイントを取るなど、アプローチの段階
←
②商品・サービスを説明するプレゼンテーションの段階
←
③最終の契約に入るクロージングの段階

この順番を見ておわかりになるかと思いますが、アプローチにおける〝成功〟とは、次の段階である「プレゼン」にスムーズに進むこと、つまり、お客様に**「話を聞いてみたい」と感じていただくこと**です。

あなたが売っている商品に対して関心がなかったお客様が、「話を聞いてみたい」と自然に感じてくださるようになるために、質問を投げかけて、お客様の欲求をはっきりさせて、高めていかなければならないわけです。

逆に言えば、初回の訪問ではにこやかに話を聞いてもらえたにもかかわらず、次の訪問で素っ気ない対応をされたり、あしらわれてしまったとしたら、それは**アプローチでお客様の欲求をきちんと高めておくことができなかった**ことを意味します。

「アプローチはうまくいくのに、次がうまくいかない」と捉えている方がいるかもしれませんが、それは間違いです。正しくは、アプローチがうまくいっていない、ということになるでしょう。

営業の第一段階であるアプローチで、欲求を十分に高めることができたなら、その後のプレゼンの段階で、自分の商品・サービスについて、堂々とお客様の興味を引きながら話をすることができるでしょう。

アプローチ、プレゼン、クロージング、どの段階でも、お客様の欲求を高めなければなりませんが、特に営業の入り口のアプローチでつまずくと、その後の過程で挽回するのに苦労しますから、アプローチはとりわけ重要です。

POINT

アプローチは営業の入り口。入り口で欲求を引き出し、明確にしてもらい、高めることほど重要なことはない。

9 失敗を重ねたからといって、うまくなるとは限らない

毎年、春になると新卒社員が入社してきます。営業部に配属される人も多いのですが、営業の研修ではこんなことを言われがちです。

「とにかく名刺を100枚もらってこい」「とにかく数多くの人に説明してこい」「とにかく100回断られてこい」

こうした指導の根底には「失敗し続ければ営業はわかる」という考えがあるようです。しかし、果たして本当にわかるのでしょうか。私はそんなことでわかるはずがないと思っています。

「失敗し続ければ営業はわかる」というのは間違った思い込みです。世の中に迷惑な営業マンを作れというのなら、この方法は正しいでしょうが、営業はそんなことではわかりません。

営業が本当にわかるのは、お客様から「ありがとう」と感謝の言葉をいただいた時だと、

私は思っています。では、その感謝の言葉をもらうためにはどうすればいいでしょうか。

私が指導している「質問型営業」は、従来の営業法とはまったく逆さまで、「一人ひとりと丁寧に接しよう」「とにかく、断られない営業をしよう」「とにかく、説明の前にお客様の興味を聞こう」というものです。

結果として、お客様から「いろいろ聞いてくれて、自分の考えの整理になったよ」「今、しなければいけないことを思い出したよ」「また、次回に話を聞くよ」「今日は忙しいけど、来週に一度来てくれる？」などと言われるようになります。そして、最後にお客様から言われる言葉が「ありがとう！」なのです。

この感謝の言葉をお客様からいただいた時に、営業マンは思います。「営業とはこんなに楽しいものなのか」「営業とは喜ばれるものなんだ」と。その実感こそが、「営業がわかる」ということになるのです。

「失敗し続ければ営業はわかる」というのは、まったくの間違いです。**失敗するよりも、喜ばれること、感謝されることによって、営業がわかるのです。そして、営業というのはいい仕事だと思えるようになり、営業が続けられるようになる**のです。

その上で、多くの人の話を聞けるようになれば、お客様の欲求がさらにわかるようになって、よい提案ができるようになる。そうすれば、ますます営業がわかるようになっていくのです。

POINT

「失敗し続ければ営業はわかる」というのは、間違った思い込み。失敗するのではなく喜ばれること、感謝されることによって営業がわかるようになる。

10 アプローチのうまい下手に、性格は関係ない

1章の最後に重要なお話をしたいと思います。それは、**営業に向き不向きはない**、ということです。もちろん**性格も関係ありません**。営業もアプローチもあくまでも**「やり方」ひとつで成果が出る**ものです。それは学習と訓練で、誰でもできるようになるものなのです。

私はそのことを29歳で理解しました。当時、米国の能力開発教材の営業をフルコミッション制でスタートさせました。能力開発や教育という無形のものを提供することは私にとってチャレンジでした。それまでは寿司店の店舗展開をしている食品会社に勤めており、物を提供する（実際はそこでも無形のものを提供していたことを後に知るのですが）ことばかりやってきた私にとって、どうやって無形のものを提供すればいいかがわからなかったのです。

能力開発教材会社では、営業マン教育をよくやってくれました。もともと米国の企業では営業教育が進んでいて、営業とは、理論と方法を学習するものだという考えがありました。

それ以前の私は、営業は持って生まれた才能によるものだと思っていました。しかし、実際はそうではなかったのです。営業は「学習と訓練」で決まるということを知って希望が持て、私の人生はそこから大きく変わったのです。

学習と訓練を繰り返すことによって、私は序々に腕を上げ、1000名以上いる組織で、初年から全国6位に入ることができたのです（ちなみに、初年は1年のうちの8ヶ月しか働いていませんでした）。そして、それ以降も常に全国トップクラスの営業マンとして活躍しました。

現在は、特に営業コンサルティングで、営業における学習と訓練の重要性を教え、実践させています。すると、3ヶ月ぐらいで、各業界でトップセールスが出はじめます。さらに、この訓練を継続することで、ますます成績を上げるようになります。

この学習と訓練は営業だけに当てはまるものではありません。たとえば、人前でのスピーチにおいても役立つのです。

私は、子供の頃から人前でのスピーチが苦手でした。にもかかわらず、名前が「青木」だったため、名簿では常に一番で、何かにつけ私が最初に当てられていました。こうして人前でのスピーチが苦手な私はますます緊張症になっていき、自分の性格を嘆くようになりました。

29歳で、営業を「学習と訓練」によって上達させることができるようになった私は、スピーチも同じように学習と訓練でできるはずだと思うようになりました。それ以降、人前でのスピーチにも挑戦し、今では何百人の前でも平気で落ち着いて話ができるようになりました。どうかあなたも、この「学習と訓練」ということを肝に銘じてください。何をどう学ぶのか、具体的なことはこれからお伝えしていきますが、まずは、営業力とは、「学習と訓練」によって身につくものである、ということを覚えておいてください。そうすれば、営業を突破口に、私のようにスピーチなど他のいろいろなことも、この「学習と訓練」で身につけることができるようになるでしょう。

なお、私は3年前からプロの落語家の方に落語を習っていて、たまに皆の前で披露するほどになっています（youtube で「青木毅」と検索してみてください）。

POINT

営業力とは、「学習と訓練」。これさえやれば、誰にでも身につけることができて、そこから性格さえも効果的に改善できるようになる。

2章

質問型営業はアプローチの常識を劇的に変える

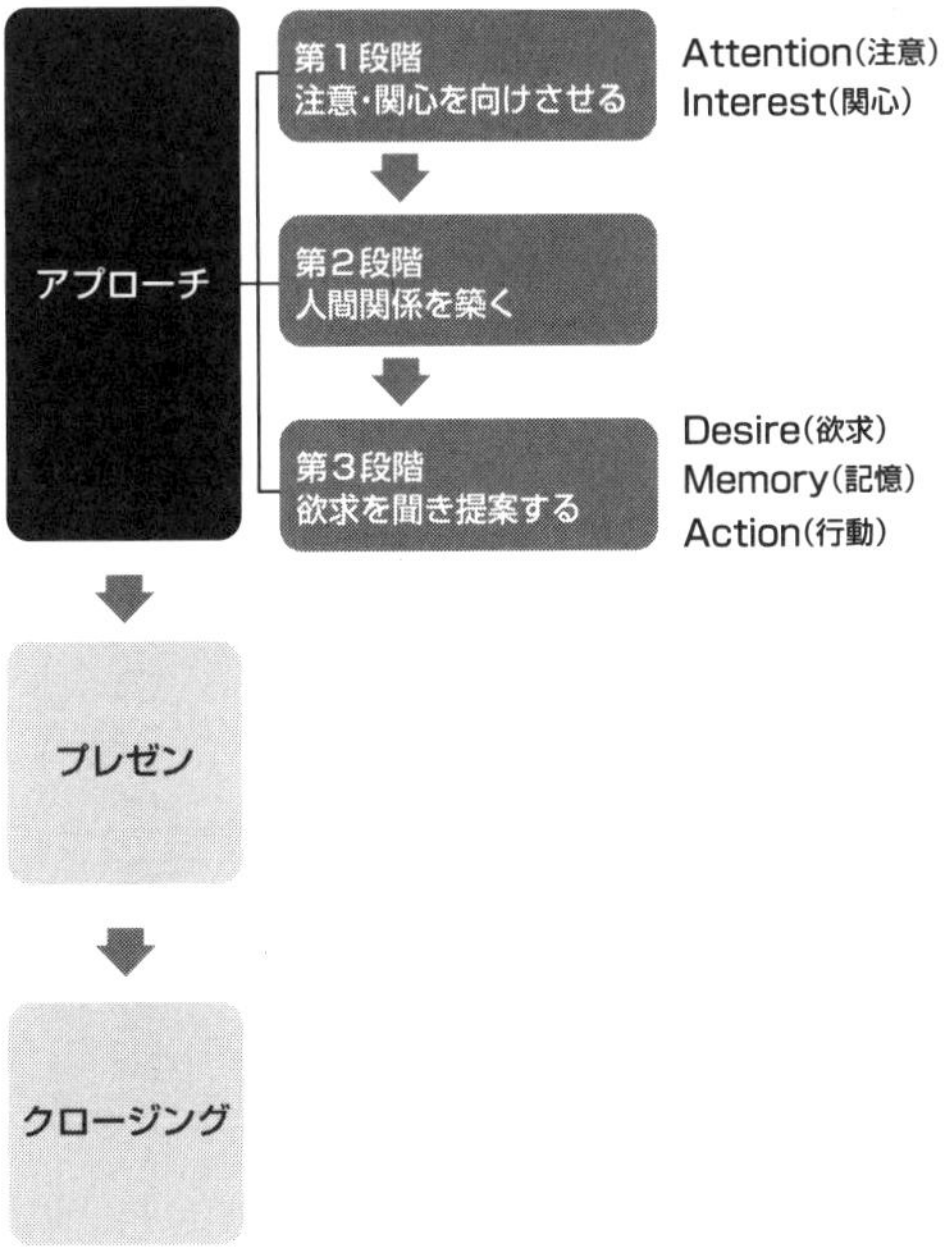

1 アプローチに雑談は要らない

営業マンといったら話し上手、特に初対面の相手との会話を盛り上げる雑談力が必須、と思っている方が少なくありませんが、**はじめて会うお客様との会話では、雑談よりもお客様に関する質問を重視すべき**です。

「雑談」を辞書で調べると「さまざまな内容のことを気楽に話すこと。また、その話。とりとめのない話」とあります。一般的には、天気の話、季節の話など、いろいろな話があって、会話の入り口としてある程度は有効でしょう。

しかし、質問型営業ではそのような雑談よりも、すぐさまお客様自身のことをいろいろと質問するように指導しています。なぜならば、そのほうが効果があるからです。

たとえば、相手が経営者であれば、「なぜ、この会社を作ったのか?」「ここまで、どのような経緯を経てきたのか？」といったことを聞きます。

お勤めの方であれば、「なぜ、この会社に勤めたのか？」「これまでどのような人生を生きてきたのか？」、主婦の方であれば、「ご家族はどのような方々か？」「奥様はどのようなことに興味を持っているのか？」などです。

つまり、**一般的な話は素早く終え、お客様の個人的なことを質問で聞くようにする**のです。

入り口は何でも構いません。

他にも、お客様の会社やご自宅を訪問した時に阪神タイガースのグッズを目にしたなら、「なぜ阪神ファンになったか？」を聞いてみます。

私も関西在住の阪神ファンなので知りたいですし、その質問をきっかけに、その人の人生について質問を広げるようにするのです。

かつて、「売ろうとしていた」時代には、私はこう考えていました。「売るためにはお客様と仲よくなることが重要だ。そのためには、ある程度、共通の話題で盛り上がって、自分のことを気に入ってもらおう」と。

そして、個人的なことを聞きましたが、あくまでも売ることが目的だったため、会話の最中に、いつも提案のタイミングを図っていました。

しかし、営業とは「お役立ち」という観点に立った瞬間に、こうした思惑は一掃され、**すべては「お客様のお役立ち」のための質問に変わったのです**。仲よくなる、話を盛り上げる、自分のことをわかってもらうということがなくなったわけではありませんが、意識としては、そんなことよりも「お役に立つ」ことに集中しました。

そして、お役に立つために、その人のことに集中したのです。だから雑談を素早く終えて、相手に関することを質問するのです。営業マンの立場から考えても、雑談で時間をとられるよりも、個人的なことを聞かせてもらうほうが、お客様のことがよくわかり、よりお役立ちできるようになりますし、お客様自身も聞いてもらったほうが嬉しいはずです。

POINT

営業は「売ること」ではなく「お役立ち」と理解できると、アプローチの入り口は「雑談」から「お客様個人のこと」に関する質問に変わる。

2 お客様の話をまとめない

よく、お客様に質問して、**「お客様の返答の重要な点をまとめなければ」と考える方がいますが、それさえもお客様にやってもらえばよいのです。**なぜなら、お客様はしゃべればしゃべるほど感情や思いを強くし、その方向で考え出し、お客様自らが行動を起こすからです。

私は、**営業マンとお客様との話をする比率は、２：８が理想**だと思っています。その上、営業マンは質問をするために話をするわけですから、営業マンはほとんど話さないことになります。営業マンは、とにかくお客様に話をしてもらうことです。話してもらえばもらうほど、お客様は自分の気持ちを確認しながら、欲求を強めます。

ですから、お客様の話を途中でまとめる必然性は、ほとんどありません。

たとえば、こんな具合です。

「お客様にとって重要なことは何ですか？」

「それは、取引先にいかに役立つかだよ」

「なるほど。それは、なぜですか？」

「やはり、取引先があってこその自社だからね」

「なるほど。ということは、どういうことなんですか？」

「やはり、もっと取引先の為になるように考えないといけないということだね。ま、そのために役立つ話なら聞かないとね。あなた、そういう話があると言っていたね」


これが、お客様の話をまとめる営業マンの場合、こうなります。


「お客様にとって重要なことは何ですか？」

「それは、取引先にいかに役立つかだよ」

「なるほど。それは、なぜですか？」

「やはり、取引先があってこその自社だからね」

「なるほど。ということは、お客様の言われていることは、やはり、もっと取引先のためになるように考えないといけないということですね」

「ま、そういうことだね」
「そのために役立つ話があるのですが、聞きませんか」
「そうだね」

これでは、お客様の気持ちが弱いのです。前者はお客様自身が自発的に話を聞こうとしていますが、後者は営業マンに仕向けられた、という感じが少し残ります。したがって、前者のほうがはるかに効果があるのです。

前者のやり方で、私自身も何回も商談を成功させています。もちろん、営業塾の塾生の皆さんにもその方法をお伝えしています。

お客様にまとめまでのすべてを話してもらうというのは、今までの営業やアプローチの常識をくつがえすものだと思います。しかし、そのほうが効果があるのも事実です。

POINT

アプローチでも重要なのは、お客様にしゃべってもらうこと。営業マンがまとめたり結論を話すのではなく、とにかくお客様にしゃべってもらうこと。

3 お客様への質問はワンパターンでいい

「質問型営業」と言うと、「どんな質問をするか、考えなければならない営業方法」と捉えられがちですが、基本的には**「質問は考えるな。ワンパターンでいけ」**とお伝えしています。これには驚かれるかもしれません。

あなたは「質問型営業を推進していくのに質問は考えるな、というのはおかしいんじゃないの？」と思うかもしれません。しかし、これで正解なんです。「考えるな」というのは、「お客様と会話している時に質問を考えるな」ということです。要は、面会の時には面会に集中しようということです。**お客様のお話を一心に聞いて、その奥にある本音まで読み取るぐらい真剣に聞きましょう**、ということです。

その代わりに、面会前には質問を用意しておきましょう。ただ、その質問も、会話をはじめる時の質問だけです。いったん質問しはじめたら、後はほとんどワンパターンの質問で構いません。

「それって、どういうこと？」と思われる方も多いと思いますので、もう少し具体的にお話ししていきましょう。

そもそも、**欲求というのは、人それぞれ違うのではなく、皆同じ**です。夏になったら暑いので薄着になる。冬になったら寒いので厚着になる。このように欲求はたいてい同じです。ただ、その**欲求の対象や時期やタイミングが人それぞれ違う**ということです。

たとえば、夫婦の間に子供が生まれ、その子供が大きくなったら、「子供部屋がいるな。もう少し大きな家がいるな」と、たいていの夫婦は思うでしょう。こうした欲求は皆同じですよね。

ただ、子供が幼稚園に入ったら家が欲しい夫婦もいれば、小学校、中学校、高校に上がったときに欲しがる夫婦もいます。その家も自分たちのライフスタイルや資金の事情に合わせて、マンション、持ち家、賃貸などとさまざまです。

だからこそ、「欲求を見極めろ」となるわけです。これを見極めるのに質問が効果的なのです。

「引き出し、高めろ」というのは、さらに具体的に質問をしていくことにほかなりません。参考として、不動産業者の営業マンとお客様の会話を示します。

「お客様、お問い合わせありがとうございます。ところで、今回なぜご自宅のご購入を考えられているのですか？」

「子供が大きくなったのでね」

「そうですか、おいくつですか？」

「今度、小学校に入学するんだ」

「それはおめでとうございます」

（続けて、どこの学校かなど**現状**を具体的に聞く）

「では、そういう中で、どのような物件をご希望ですか？」

（**欲求**について具体的に聞く）

「では、どのように探してこられましたか？」

（今までに**解決策**を探してきたかなどを具体的に聞く）

「では、今までのお話をもとに、いくつか物件を出してみますね」

（**提案**する）

このようにアプローチの質問とは「**①現状、②欲求、③解決策、④提案**」の順に繰り出せばいいのです。そうすれば、お客様は自然に「欲求を自ら見極めて、引き出し、高める」のです。

大事なことは、**この順番に質問することで、たいがいのお客様が自身の欲求に気づく**ということです。これは、もう判で押したようにそのようになります。

もし、途中でお客様の話が詰まるようでしたら、その時点では、まださほど欲求が高くないことを意味しますから、時期尚早であると見極め、今後の見込みのお客様と捉えればいいのです。

この流れについては、今後さらに具体的にお話ししていきます。

POINT

アプローチでのお客様への質問には、ひとつのパターンがある。それに基づいて質問すれば、お客様は欲求に基づいて反応してくれる。

4 電話はアポを取るだけのものではない

私が営業をはじめた30年前には、「とにかく電話ではアポイント（面会の約束）を取れ。余計なことは一切言うな」と教わりました。

私はそれを忠実に守り、実践したことで、アポイントを取ることがものすごく得意になりましたし、好成績をおさめてきました。

私は人材教育や能力開発の仕事に携わってきましたので、主に中小企業の経営者にアポイントを取っていました。私の今までの営業人生は、電話でのアポ取りで成り立っていたようなものです。それぐらい電話でのアポイントについてはよく知っていますし、自信も持っていました。

ところが、質問型営業を行なうようになってから、**電話でのアポイントの取り方はまったく変わってしまいました。**どのように変わったかというと、**アポイントを取るとい**

うよりも、電話で積極的にアプローチを進めるようになったことです。つまりお客様の状況や欲求、その解決法などを聞き出した上で、アポイント取りをするようになったのです。そのやり方はどんどん進み、場合によっては電話でプレゼンをしたり、クロージングまで進み、お申込みをいただくことにもなりました。はじめて電話でお申込みをいただいた時はさすがにびっくりしましたが、現在では、電話での話の流れによっては、それも当然と思っています。

当社の別部門では、個人の課題解決や人生設計のコーチングを電話やスカイプで行なっています。その部門の認定コーチは、コーチングのお申込みをいただく時も、その後の指導もすべて電話やスカイプなどで行ない、面会など一切しなくても指導できるようになっています。

なぜこのように変わったのか、振り返ってみますと、**かつての営業の考え方と根本的に変わったのだ**ということがわかってきました。

昔は「電話では余計な話はせず、アポだけを取れ」と指導されていましたが、この根底には「とにかく当社の提供する商品・サービスについては一度お会いして説明させてください。電話では正しくお伝えできないのです」という考え方があります。これは説明型（説得）営業の考え方であり、営業は説明によって欲求を高め商品を買ってもらう、もっと言えば、売り込むものだという考え方にほかなりません。

かたや、質問型営業では「営業とはお役立ち」であるというのが根本的な考え方ですので、自社の商品・サービスについて説明すること自体に価値を置いていません。それよりも**お客様の気持ちを大事にして、お客様のお役に立つことができるかどうかが最も重要なポイント**になります。したがって、電話でのアポイントは次のようになります。

◆人材教育の商品・サービスを提供している会社の場合

「当社は人材教育を提供している会社です。ところで、そのようなことについては、いろいろ取り組んでおられますか？」

「それなりにやっていますが」

「そりゃ、そうですよね。失礼ですが、どのような分野にお取り組みですか？　たとえば、モチベーション研修などはやっていますか？」

「もちろん、やっていますね」

「なるほど。では、そのモチベーション研修などでは、もう少し、このようになってくれたら、なんてことはありますか?」

「そうだね、持続してくれるようなものにはなってほしいね」

「なるほど、そのために何か相談や検討されるようなことはあるのですか?」

「今のところはそのように考えているだけですね」

「なるほど。では、そこの部分はなんとかしたいですね」

「そりゃ、そうですね」

「なんとかする方法があればいいですよね」

「そりゃ、そうですね」

「それ、ありますよ。実は、当社の人材教育はその部分にすごく力を入れているんです。その成果も確実に出ていますよ」

「そうなんですか」

「もし、よければ一度、お会いしませんか? もちろん、こちらから、お伺いさせていただきますが」

「聞くだけなら、いいですよ」

「ありがとうございます。では、日時とお時間ですが……」

こうなります。

売り込みと誤解されることなく、あくまでも状況やニーズを聞いた上で、アポイント取りという流れになります。したがって、「売り込むために、お約束する」という説明型営業のパターンではなく、「役立つために、お約束する」というまったくの逆のパターンになります。それは「売ろうとする営業」から「買ってもらう営業」に変わることといえます。

これは電話アポイントメントだけでなく、人とのいろいろな出会いの場面でも使える方法です。

POINT

電話でアポを取る際には、質問から入ると確実なアポイントが取れる。その根本には「営業はお役立ち」という考え方がある。

5 場合によってはアプローチからすぐさまクロージングに入る

質問型営業でアプローチの常識が劇的に変わる最後のお話は、「必要なら、アプローチからすぐさまクロージングに入れ」ということです。

「アプローチ即決クロージング」というこの方法は、質問型営業だからこそできる、びっくりするような営業方法と言ってもいいでしょう。何しろ**アプローチの段階で一気にクロージングまでいってしまう**のですから。

アプローチの段階とは、まだ自社の商品やサービスの説明は詳しくしていない段階です。せいぜいどういうことを行なっているかを漠然と知らせたぐらいです。その状態で契約に入るのですから、驚きです。

この方法は、かつて私が営業の現場で経験したことをもとに、自分なりに練り上げて確立したのですが、この方法で、自分の営業の成果がますます上がることになり、確信が持てるようになりました。今では、この方法を質問型営業の受講生にも教えています。簡単に言えば、アプローチの段階で「購入する」という言葉をお客様からいただく方法です。

もちろん、営業として説明もするのですが、その説明も購入を前提で説明するといえます。普通の営業はそうではありません。購入するかどうかを判断してもらうために説明するはずです。ですから、今までの営業の考え方をくつがえす方法と言えます。

具体的にどのような会話になるかを、私が実際に体験した場面を再現してお話ししましょう。

私はある中小企業の経営者にお会いしました。たまたま、いろんなことを気軽に話してくださる社長でしたので、こんな質問から会話がスタートしました。

「社長はなぜ、この会社を作ったのですか?」

「実は、私の仕事のスタートは15歳のときなんですよ。もう、今から45年も前になりますね。私は中学を卒業して集団就職で田舎から出てきました。ですから、最初は丁稚奉公のような形で仕事がはじまったんです。給料も安く、住み込みでのスタートでした。

最初は仕事を覚えるのに必死でした。次第に仕事も覚え、余裕が多少持てるようになった頃には、『自分なりに腕を磨いて、いつかは社長に』なんて夢を持つようになりました。でも、そんなことは夢の夢と思っていました。それから30年。少しずつお金を貯めて、ついに社長になれたのです。これには妻の力添えもありました。妻との出会いには本当に感謝しています」

社長の話はこのようにはじまりました。そして、それまでの苦労話や奥様との出会いから今日までの話、さらには子供たちの話などいろいろなことを聞かせていただきました。そこで、私は次の質問をしました。

「社長はどんなことを思って現在仕事をしておられるのですか？」

「私は現在、自分の人生を支えてくれた周りの人に本当に感謝しているのです。こんな自分がこうやって社長にまでならせていただいた。その感謝の気持ちでいっぱいですね。ですから、当社の社員の方々にも同じように夢を持ってもらって、それを応援できる自分になりたいし、会社にしたいといつも思っているんです」

私はその話を聞いて本当に感激しました。なんて心の温かい人なんだろうと思ったのです。そして、その話を聞いている私の心の中に何か熱いものが湧き上がってきました。それは「私はこの社長のお役に立ちたい！」という気持ちでした。私は続けて質問しました。

「では、そういう中で社員教育については、何か取り組んでおられますか？」

「それなんですね。実は……」

と社長はおっしゃり、これまでに取り組んだことやその結果などいろいろお話ししてくださいました。具体的に教育についてお聞きしていくうちに、私自身がお役に立てる部分がはっきりと見えてきました。「そうか、きっと、この部分でお役立ちできる。きっと、社長に喜んでもらえる」と思えたのです。

その時に、私の心の中から、さらに次の熱いものが湧き上がってきました。それは「きっと私どもの商品・サービスであればお役に立つに違いない、喜んでいただけるに違いない」という気持ちでした。

さらに3つほど教育についての質問をしてみて、それに対する社長の答えを聞いて「やっぱり間違いない！　きっと、お役に立つことができる！」と確信した私は、高なる気持ちを抑えて静かに言いました。「社長、教育でいいものがあるのですが、やりませんか」。するとと社長はこう言われました。「そうですね、やってみましょうか」。

その言葉を聞いて、私はびっくりしました。なぜ、びっくりしたかというと、**私は社長と名刺交換した際に、当社の事業の内容をわずか10秒ほど話しただけで、それ以外のことはまったく伝えていなかったからです**。当社の商品・サービスについて何も話していないのに、「そうですね、やってみましょうか」と言われたので本当に驚きました。

「ところで、青木さん、何をやったらいいですか?」

「あ!　そうですね、まだ、社長に何もお話していないですものね」

目の前で社長は笑って「はい」と言われました。

「じゃ、お時間大丈夫ですか。今からお話ししますね」

そこから私のプレゼンテーションがはじまりました。それまで社長のお話をよく聞かせていただいていたので、余計な話はせず、プレゼンではまさにポイントを絞って話をしました。ですから、短い時間で非常にインパクトのあるものになりました。社長は真剣に聞いてくださり、即決でお申し込みをされました。この出来事こそが、私にアプローチ即決クロージングを教えてくれたのです。

さらに、「営業とは売ることではない。自ら買ってもらうことだ」「営業とはお役立ちだ」ということも教えてくれました。

この出来事から、私は自分の営業を質問型営業に向けて大きく舵を切り、それ以来15年が経過しています。振り返って今言えることは、この方向転換は「間違いなかった、本当によかった！」ということです。この転換は、営業だけでなく、会社の仲間との関係、友人との関係、そして家族との関係を変えました。「お役立ち」と「質問から会話をスタートすること」は、営業だけでなく、まさに私の人生をも変えてくれたのです。

POINT

「必要ならアプローチからすぐクロージングに入る」というのは、お客様を優先している姿勢。お客様に質問しお客様の本音を聞く、質問型営業の究極の形。

3章

アプローチの3段階――これがわかれば、適切な質問を使うことができる

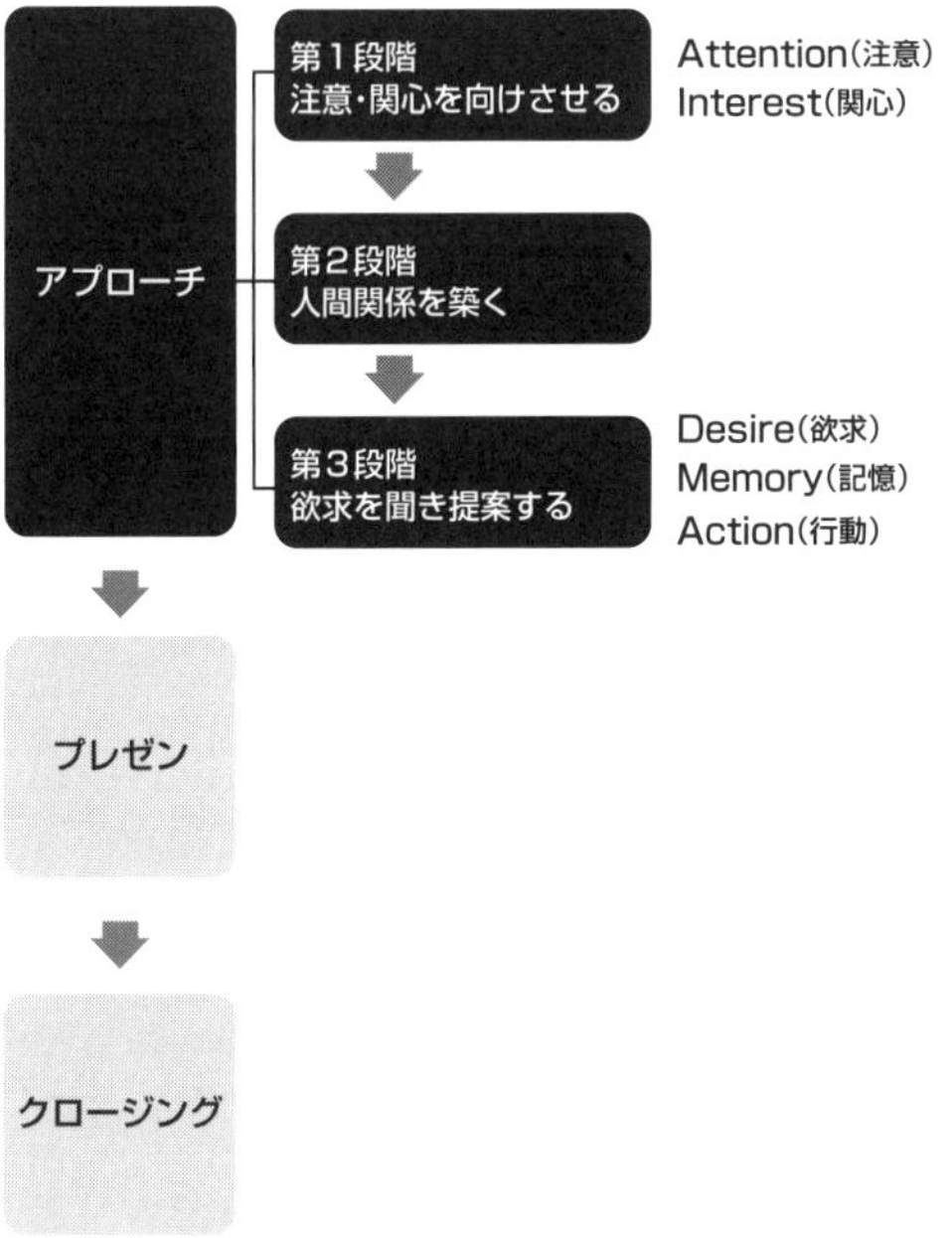

1 アプローチには「3つの段階」がある

ここからは、質問によってどのようにアプローチを展開すればよいかについて、具体的に考えてみましょう。

1章でお話ししたように、お客様の欲求、問題・課題、意志を聞くことが重要ですが、そのためにどうするか、ということです。

お客様の心は意外に移ろいやすいものです。欲しい物もたくさんありますし、問題・課題がファジーな状態のままということも珍しくありません。もちろん、購入の意志も固まっていません。その中で話を進めていくためには、アプローチの中にしっかりとした段階を作り、それにのっとって話を展開していくことです。それが営業マンの役目です。

さて、アプローチは次の3つの段階で成り立っていて、これが土台となります。

第1段階　お客様の注意・関心をこちらに向けてもらうこと
第2段階　お客様との人間関係を築き、本音を話せる状況にすること
第3段階　お客様の欲求や課題、取り組み状況を聞き、その解決策を提案すること

1章でお話しした通り、営業マンは、日々、自社の商品について研究や勉強をしているので、どれほど役立つ商品かをお客様にお伝えしたいし、伝えればわかってもらえると思っています。

これに対して、お客様はその商品に関心のない状態にあります。

したがって、あなたはプロ意識を傍らにおいて、一度、お客様の思考の段階まで戻る必要があります。そして、お客様に手を差し伸べて、上に示した3つの段階を一段一段あがるようにして話を進めていくのです。

そうすればアプローチはスムーズに進んでいきます。

POINT

アプローチを3つの段階に分けて、各段階で必要な質問を投げかける。これによってアプローチは劇的にスムーズに進められる。

2 アプローチはＡＩＤＭＡ（アイドマ）の法則にのっとって進める

いよいよ、質問でお客様の欲求を見極め、引き出し、高める方法を学んでいきましょう。実は、これには順番があります。さきほどお伝えした「アプローチの３つの段階」は、ある法則にのっとっているのです。

「ＡＩＤＭＡ（アイドマ）の法則」をご存じでしょうか。１９２０年代にアメリカ合衆国の販売・広告の実務書の著作者であったサミュエル・ローランド・ホールが、広告宣伝に対する消費者心理のプロセスを表わした法則です。

ＡＩＤＭＡの法則では、消費者がある商品を知って購入に至るまでには、次の段階があるとしています。

① Attention（注意）➡② Interest（関心）➡③ Desire（欲求）➡④ Memory（記憶）➡
⑤ Action（行動）

ＡＩＤＭＡの法則は、営業やマーケティングを少し勉強した人なら聞かれたことがあるでしょう。私も20年以上前からこのＡＩＤＭＡの法則を知っていました。知ってはいましたが、現実には使うことができませんでした。

それが、「質問」という鍵を手に入れてからは、見事に使えるようになりました。**質問で「注意」を引いて、質問で「関心」を見極め、質問で「欲求」を引き出し、質問で「記憶」に残るインパクトのある内容にし、その結果、お客様にプレゼンテーションの時間をとってもらうことができるようになった**のです。

アプローチをスムーズに進めるための流れ（アプローチの３つの段階）と、お客様の欲求を見極め、引き出し、高めるための質問の流れ（ＡＩＤＭＡの法則）をうまく使っていく方法を、これからお伝えしていきます。

POINT

ＡＩＤＭＡの法則に応じた質問をすることで、お客様の欲求は次第に高まる。

3

アプローチの第1段階
注意(Attention)と関心(Interest)を引く

アプローチの第1段階ですべきことは、お客様の注意をこちらに向け、関心を持ってもらうことです。

このように言うと、営業マンがパフォーマンスをしたり、元気よく挨拶することを思い浮かべる方がいるかもしれません。たしかに、そうしたやり方でお客様の注意をこちらに向けることもできるかもしれませんが、そんな方法で注意や関心を引いても、お客様の心はすぐに冷め、それ以上相手にしてもらえなくなるものです。

そもそも、いまどき元気のいい挨拶なんて新人営業マンしかしていませんし、そんなことをしたら、いかにも「売り込みに来ました」と言っているようで、敬遠されてしまいます。

では、どうすればお客様の注意を引くことができるのか、関心を持ってもらえるのか。それは、こちらから「質問」をすることです。

質問を投げかけることで、お客様はこちらを向いて答えてくれます。その答えに対してさらに質問する。そうやって会話は続き、お客様はこちらに注目し続けるのです。

まずは、**出会って3秒以内に質問**です。たとえば、こんな具合です。

「失礼します。リアライズの青木と申します。教育関係の仕事をしていまして、ご挨拶にお伺いしました」

ここまで言ったら、「少しいいですか？」と聞き、すかさず次の質問です。

「どうですか、お忙しいですか？」

あるいは、褒め言葉を入れながら言うのもいいでしょう。

「しっかりと対応されていますね。教育をしっかりされているんでしょうね。お仕事のほう、お忙しいのではないですか？」

こんな具合に質問すれば、それとなく相手の注意を引くことができ、こちらに意識を向けてもらえます。実に簡単なことなんですが、本当に効果があるんですね。

ところが、「失礼します。リアライズの青木と申します。教育関係の仕事をしていまして、ご挨拶にお伺いしました」と言った後、質問しなければどうでしょうか？
「どんなことしているの？」「どういうもの？」と、逆にお客様から質問されてしまいます。これは、興味があって質問しているのではありません。社交辞令として聞いているだけです。もっと言えば、断るために質問しているのです。だから、それについて答えようものなら、すかさず「そういうのなら、間に合っているよ」と断られてしまうのです。

最初の簡単なやり取りを質問で行なうことで、スムーズにアプローチできるようになるのは、電話でも一緒です。「突然電話して、質問はないだろう」なんて思うかもしれませんが、反対に、電話していきなり売り込むことこそ、あってはならないのです。相手の状況を聞いて、その上で、話しはじめるのが礼儀です。その意味でも、最初に質問することです。

POINT

会って、目的を告げて、３秒以内に質問。それが相手の注意を引き、興味を持ってもらう入り口になる。

4 アプローチの第2段階 こちらに好印象を持ってもらう

アプローチの第2段階で必要となるのは、**こちらに好印象を持ってもらうこと**です。

もちろん、これも質問によって進めます。

第1段階で、訪問目的を告げてから「どうですか、お忙しいですか？」「現状はどうですか？」と質問したら、「まずまずだね」とか「きびしいよ」「忙しいよ」などと答えていただけると思います。

そうしたら、「どういう感じですか？」とさらに質問するのです。それに答えてもらったら、「そうですか。○○な感じなんですね」とか「そうですか。皆大変ですよね」と言って共感します。この点については、『「質問型営業」のしかけ』（同文舘出版）で詳しく書いているように、「好意－質問－共感」のリズムで会話をはじめるといいでしょう。

ここから**「ところで」という言葉をきっかけに展開していきます。**

お客様が経営者の場合「ところで、こちらの会社は何年ぐらいになられるのですか？」

お客様が会社の担当者の場合「ところで、こちらの担当をされてどれぐらいになられるのですか？」

個人のお客様の場合「ところで、こちらにお住まいになられて何年ぐらいになられるのですか？」（扱っている商品・サービスが住宅関係などの場合）

こんな風に聞けばよいのです。

ここで重要なのは、一度、**相手の「個人的な部分」に触れた質問をすること**です。

人は誰でも、自分に興味や関心を示してくれる人を好きになります。だから、相手の個人的な事柄について質問するのです。

そんなことを聞いたら変に思われないかと心配する方もいますが、まったく問題ありません。あなただって、人から個人的なことを聞かれたら、「この人は私に関心をもっている」と感じ、好感を持つはずです。

最近は個人情報の関係であまり話さないし、聞かなくなっています。だからこそ、個人的なことを聞くことで、相手との距離をグッと縮めることができるのです。

覚えておいていただきたいのは、**好印象を持ってもらうには、自分をアピールするのではなく、相手のことを聞いてあげる**ということ。つまり、「相手が先、お客様が先、聞くのが先」なのです。

つい自分のことをしゃべりそうになったら、この言葉を自分に言い聞かせましょう。

人は誰でも、内心では豊かな人間関係を作りたいと思っています。お互いにやさしく言葉を掛け合い、心をかよわせ合い、敬い合い、慈しみ合いたいと願っています。そんなことが、行く先々でできたらどうでしょうか。こんなすばらしいことはありません。営業ではそれが可能なのです。互いが、営業の入り口をきっかけに、そこから人生を共にする仲間になれるなんて考えたら、こんな素晴らしいことはありません。これほど気持ちが豊かになることはありません。

ちなみに、私は営業の仕事についてもう30年近くになりますが、仕事を通じて友人や親友が数多くできました。今、京都の長岡京市に住んでいますが、そのきっかけは、私が同市の会社の社長に営業に行ったことです。すでに同市には20年以上住んでいて、今後もずっと住み続けると思います。この会社の社長とは、もう28年もおつき合いをしています。

私の周りにはこのような方々が数多くいますが、すべて仕事をきっかけに知り合いになったといっても過言ではありません。

このように、営業という仕事は本当に素晴らしい仕事なのです。

営業でお伺いしたことがきっかけで、個人的な友人としてのおつき合いもはじまるのです。その意味では、営業とは友人を作る方法でもあるのです。

POINT

アプローチの第2段階では、個人的な質問をすることでこちらに好意を持ってもらう。それは友人作りにもつながる。

5 アプローチの第3段階 「欲求(Desire)を聞く質問」をし、本音を聞く

注意・関心を引き、多少なりとも人間関係を作ることができたら、次はいよいよお客様の欲求を聞く段階です。この状態まで入っていければ、後はなるべく本音に近い線で、お客様の欲求を聞かせていただくことです。

すでに述べたように、「お客様の欲求を聞く」というのが、営業の肝です。欲求を聞かせていただくことができたなら、それも本音に近い線で聞かせていただくことができたなら、あとの営業は非常に簡単です。

赤子の手を捻るぐらい簡単、というのは言い過ぎかもしれませんが、本当にそれぐらい簡単になります。

また、アプローチの後のプレゼンの質をグッと高めることもできるようになります。それこそ、感動のプレゼンが展開できると言ってもいいぐらいです。そんなプレゼンができたなら、クロージングも難なく終えることができるでしょう。

つまり、**アプローチでいかに欲求を聞くことができるかが、営業の成否を左右する**ということです。

なぜそのようなことが言えるか？

それは、私自身が何度も体験しているからです。また、「質問型営業」を当社のスタッフに教えて10年になりますが、そこでも大きな成果を残しているからです。

さらに一般の方々――個人の営業マンから企業の営業マン、そして中小企業から上場企業まで、多くの方も、この質問型営業で確固たる成果を残しています。職種も建築・不動産、自動車、保険、飲食、製造メーカー、卸売業などさまざまで、営業内容や方法も新規客、既存客、飛び込み、アポイント、定期訪問等、多岐にわたっています。

そうした数多くの積み重ねから、アプローチの段階で**「欲求という本音を聞くこと」が大切である**と断言できるのです。これは絶対的な法則であり、営業における肝の中の肝なのです。

では、肝心の欲求はどのように聞くのかというと、欲求を「見極め、引き出し、高める」ために、次の流れに沿った質問をしていきます。

現状➡欲求（問題・課題）➡解決策➡欲求➡提案

一見するとむずかしそうに感じるかもしれませんが、実際には、次の質問を投げかければいいのです。

「現状はどうですか？」**現状**
「どのようになればいいとお思いでしょうか？」（「何が課題ですか？」）**欲求（問題・課題）**
「そのために何かやっておられますか？」**解決策**
「何とかしたいと思っておられますか？」**欲求**
「なんとかできる方法があればどうですか？」**提案**

これは練りに練られた、欲求を浮き彫りにする質問です。あなたが質問者となって、さっそく、明日から実行してみてください。相手はお客様だけでなく、友人や家族であってもいいでしょう。一連の質問すべてに答えてもらえば、相手が自発的に実現方法や問題解決法を自ら見つけることがわかるでしょう。それを現実に体験すれば、あなたはきっとびっくりするはずです。

人は、一人ひとり性格が皆違います。したがって表現方法も違います。

しかし、人としての欲求や感情は同じです。暑い、寒いという感覚的なことから、嬉しい、悲しいという感情的な部分まで、誰もが持っていて、それを質問によって引き出すのです。それが「欲求を見極め、引き出し、高める」ことになるのです。流れに沿った質問は、それを可能にする最高の武器と言えるでしょう。

詳しくは6章でお話しします。

POINT

欲求を「見極め、引き出し、高める」ために、「現状↓欲求（問題・課題）↓解決策↓欲求↓提案」の流れで質問する。

6 欲求を浮き彫りにすると、お客様の記憶(Memory)に強烈なインパクトを与える

Desire（ディザイヤー＝欲求）という本音がお客様の口から発せられたら、それはお客様にとって強く記憶に残るものとなります。

流れに沿って質問していくこととは、「お客様の心の中を掘り起こしていく作業」に他なりません。どんどん掘っていくと、やがて今まで考えがおよばなかったところにまで到達します。それは、お客様にとっても、私たちにとっても輝かしい瞬間です。

アプローチのスタート時点では、お互いに笑顔が見られたりリラックスした時間が流れるでしょう。しかし、欲求を掘り起こす質問をはじめたら、そのような雰囲気は次第になくなってきます。

私はそれを何回も何回も味わっています。お客様は自身の欲求の話に集中し出すようになり、私の思考も身体もすべてがその一点に向かいます。

研ぎ澄まされて、ただそのことに集中している感覚です。かと言って、厳しく怖い顔をしているわけではありません。そこにはまり込む、という感じです。その時、時間はゆっくりと流れ、しかし、確実に頭は回転しています。

お客様は後で言われるでしょう。

「今までも何回もそのことについては考えようとしました。しかし、いつもある地点で立ち止まり、そこから進まなくなってしまっていたのです。ところが、今回はあなたと話をするなかで、ひとつの結論を得ることができました」と。

それは、営業マンであるあなたがお客様に質問することで協力し、ひとつの結論を導き出した瞬間です。その瞬間は、忘れえぬ場面として深く記憶に残ります。

このようなお客様との場面を「欲求を見極め、引き出し、高める質問」で作り上げることができるようになるのです。

POINT

質問によって、それまでお客様が到達できなかった地点にまで進めるようになる。その経験はお客様にインパクトを与え、深く記憶される。

7 質問を経て、お客様は次の行動(Action)を起こす

最後は、お客様がAction（行動）を起こされる段階です。

今までの段階をおさらいしてみると、最初にお客様の注意と興味を引いて、その中で個人的なことにも多少触れました。次にお客様の欲求を見極め、引き出し、高めて、お客様に深い印象を与えます。すると、お客様は自ら進んで次の行動を起こすようになります。

それが、「**お客様がプレゼンテーションを聞く時間と場所を自ら確保される**」ということです。しかも、前向きに採用に向けて、です。

営業を成功に導くには、いかにお客様が素直にプレゼンテーションを聞いてくれるかが鍵となります。もちろん、採用する、しないというのはその時の状況やタイミングによって変わってくるでしょう。それは仕方がないとしても、まず大事なことは、お客様

自身が「話を聞こう」と行動に動くことです。

言い換えると、お客様が「商品に関する話を聞きたい」と思わない限り、アプローチが終わったとは言えません。

アプローチの終了とは、プレゼンに移行することを意味しますが、**そのタイミングは営業マンが決めるものではなく、お客様が「プレゼンを聞きたい」と思ったかどうか**で決まります。

アプローチを段階的に見ていくと、お客様に問題があるのでなく、こちら側のお客様に対する姿勢、そして何よりもアプローチの展開の仕方に問題があることがわかります。

ぜひともこのアプローチをマスターして、お客様が自発的にプレゼンテーションを聞かれるような状態を作ってください。そんなプレゼンテーションをした後は、お客様との関係は劇的に変わり、ひいてはあなたの仕事や人生をも変えていきます。

POINT

お客様自らがプレゼンテーションを聞きたいと、自発的に時間と場所を取られるようなAction（行動）を起こせば、アプローチは完成する。

質問型営業の流れとAIDMAの法則との関係

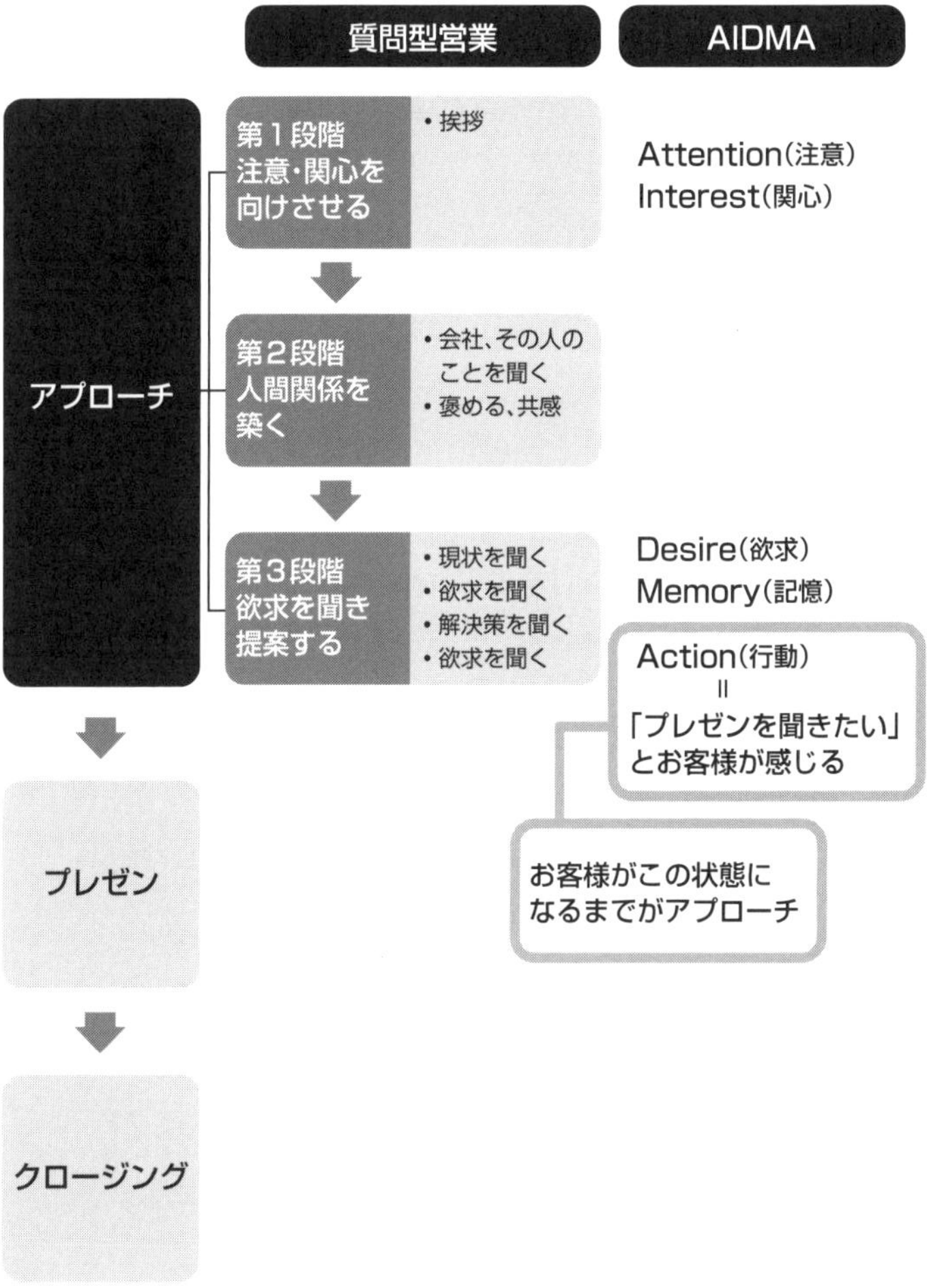

4章

質問型アプローチ 第1段階
ファーストコンタクトで興味・関心を引く

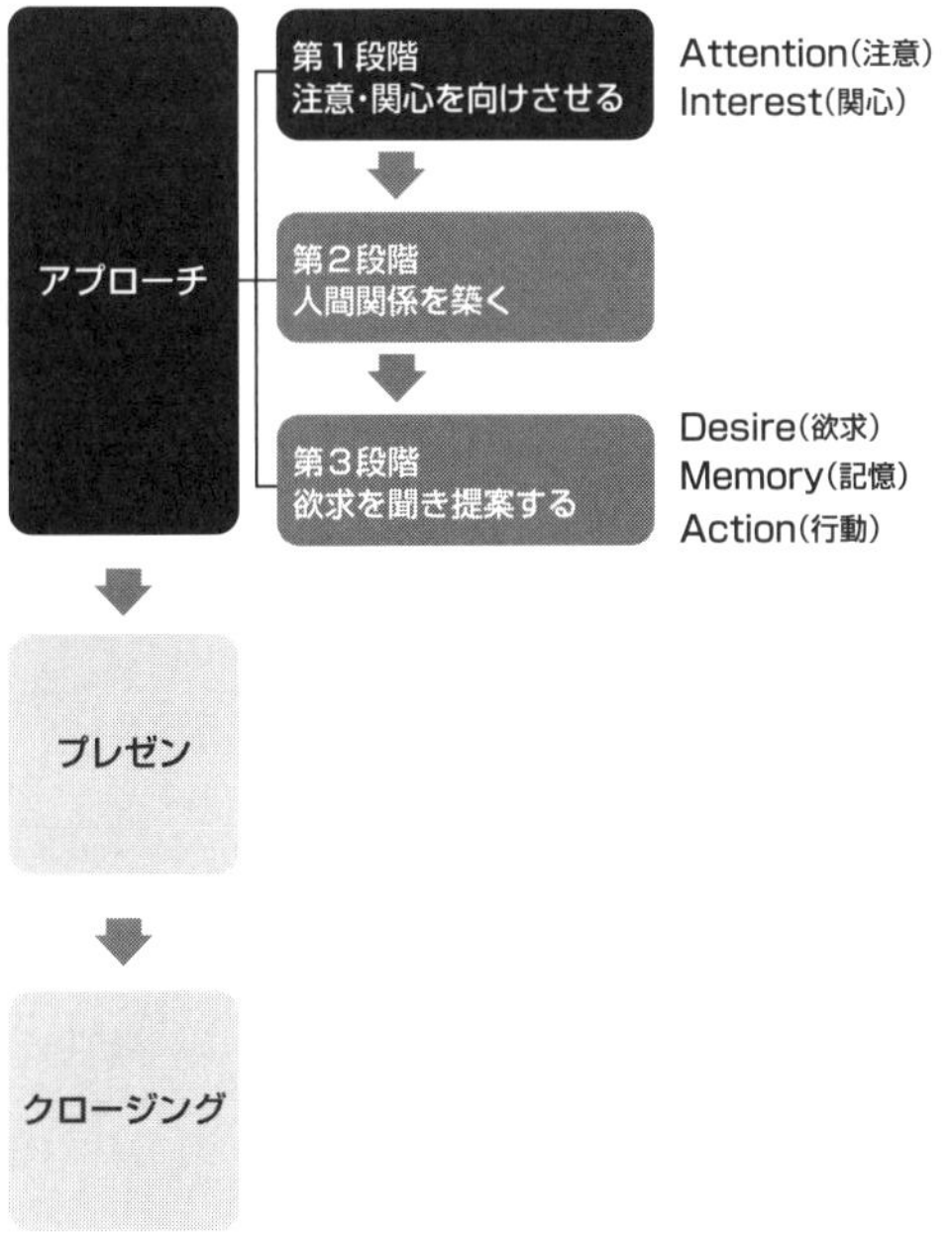

1 まずは笑顔と声。そしてコミュニケーションするのがアプローチの秘訣

ここからはいよいよアプローチについて具体的に話していきます。まず、アプローチの第1段階は、電話アポイントや飛び込み等のファーストコンタクトによって興味・関心を引くことです。

電話アポイントや飛び込み以外にも、知人からのご紹介や各種会合など、お客様と知り合う方法はさまざまあると思いますが、どのような出会いであろうと、ファーストコンタクトは基本的に同じだと考えてください。

ファーストコンタクトでは、やはりお客様に与える印象が一番大事です。**どうすれば印象をよくできるかというと、それはやはり「表情」と「声」**ということになるでしょう。

米国の心理学者アルバート・メラビアンが1970年代初頭に発表した「メラビアンの法則」によると、話し手（ここでは営業マン）が聴き手（ここではお客様）に与える

印象の大きさは「言語情報7％、視覚情報55％、聴覚情報38％」とされています。言語情報とは「言葉で表現される話の内容」、視覚情報とは「外見・表情・態度・ジェスチャー」、聴覚情報とは「声の質感・話す速さ・声の大きさ・口調」です。

これを見ると、営業マンの話の内容そのものが与える印象は10分の1以下しかありません。**お客様にどのような表情と声で話しているかが10分の9以上を占めている**のです。実に恐るべきことです。

まず表情ですが、特に重要なのは「**笑顔**」です。

では、営業でお客様と出会った時、どのような笑顔をすればいいのかというと、**その方と出会えたことに感謝して、ただそのお客様の目を見て、「ニコッ!」っと微笑めばいいのです。挨拶するのはその後**です。

「目は心の窓」であり「目は口ほどにものを言う」のです。これほど強力で、お客様に訴えかけるものはありません。「出会わせていただきありがとうございます」「お会いできたことがうれしいです」という気持ちで「ニコッ!」と微笑みます。その笑顔はお客様の心を解きほぐし、なごませます。その後に、「おはようございます」「失礼します」と挨拶をすればいいでしょう。

次は「**声**」です。声もお客様に強い印象を与えます。どういう声がいいのかというと、**大きな声や元気な声よりも、温かな声、優しい声が適しています**。はじめてのお客様に会うと、どうしても緊張して声が1オクターブ上がり甲高い声になったりしますが、そこは気持ちを落ち着かせて、先ほどの笑顔と同じように「出会わせていただきありがとうございます」「お会いできたことがうれしいです」という気持ちで温かな声、優しい声で話すといいでしょう。

こうした笑顔や声で接すれば、お客様は営業マンをむげに扱うようなことはしません。もし、むげに扱われたら、そのお客様はきっととても忙しかったか、気持ちに余裕がなかったか、何か大変なことを抱えていたりしていたのでしょう。そういう時は「しょうがない」と思い、「がんばってください」と心の中でつぶやき、むしろ応援してあげる気持ちを持つのです。そうすると、心に余裕が出てきます。

笑顔と声について、注意することがあります。それは、**こちらの笑顔と声が、お客様にどのように感じられるか**です。私たちはいつも自分自身を内側からしか見ていません。だからこそ、外側からなるべく客観的に見てみる必要があります。

自分では表情と声を温かく、優しくしているつもりでも、相手にはそのように感じられないことがあります。そうならないためには、笑顔を写真やビデオに撮って見たり、声を録音して聞いてみるとよいでしょう。そして、自分の笑顔、自分の声がよりよい印象を与えるように努めることが大切です。

営業マンは、何かを売り込むためにアプローチしているのではありません。アプローチを通して**お客様とコミュニケーションを取っている**のです。そして、そのコミュニケーションを通じて、お客様といろいろなことを話し合い、お客様が望んでいることや本音を聞かせていただくのです。その結果として、商品・サービスを提案できるようになるのです。

笑顔と声によるファーストコンタクトは、そのスタートラインとなるのです。

POINT

「笑顔」と「声」は、アプローチにおける重要な要素。それはお客様とのコミュニケーションのスタートであり、結果として購入につながっていく。

2 電話は温かく優しい声で。笑顔までも伝わるように表現する

電話でアプローチする場合、声でしか表現できません。先ほどのメラビアンの法則でいけば、55%を占める視覚情報を使うことができず、その分を声でカバーしなくてはなりません。

「声ですべてが決まる」、これが電話です。あなたの家や会社にもいろいろな売り込みの電話がかかってくると思いますが、やはり、声の印象が大きいのではないでしょうか。事務的な声で、すぐさま説明に入られたら、げっそりして早々に電話で断ったはずです。

そんな電話が多い中、意外に温かい感じで、気遣いの感じられる声であったら、「少し聞いてみようかな」なんて思ったりします。つまり、**話の内容よりも、お客様は「声」を聞いている**のです。

もちろん、電話ではお客様の状況はわかりません。ですから、すぐさま目的を言って、時間の了解を得ます。その時にも声が重要です。

私は人材教育の仕事を30年近くやってきましたが、15年近くは電話を入り口にして営業をしてきました。新規であろうが、紹介であろうが、最初の入り口はすべて電話。一度お伺いしたところへの再アポイントも電話ですし、フォローも電話でやってきました。おそらく、10万人以上の方と、電話でなんらかの話をしていると思います。

ですから、電話には相当自信があります。よく、私が新規の電話をしていると、「お知り合いですか?」と言われたりしました。それぐらい、親しくはじめての人と話ができるのです。もっと言えば、愛情を込めて電話をしていました。

私が新人の頃には「声だけでなく、体ごと電話線を通してお客様の家にお伺いするんだ」と先輩に教わりました。今振り返ると、それは元気とかやる気ではなく、親しみのある温かく優しい心、お役立ちの心を持って接することなのだと感じます。

電話によるアポイント取りで、いい方法があります。過去、私が業界で日本一の成績を上げた方法です。営業指導を行なうときにもこの方法を営業マンに指導し、実際にやってもらうようにしています。

その方法とは、**歩きながらアポイントを取ること**です。特にお勧めしているのは、公園など、緑に包まれていて爽快な場所に行って、**誰も見ていない所で、1人でアポイントを取ること**です。

事務所内だと、立って電話したり、身振り手振りをつけて話すこともしにくいでしょう。電話は声ですべてを表現しなければならないものですが、それには**身体を使って表現したほうがいい**時もあるのです。声にも表情が乗ってきます。

ところが、事務所の中でアポイントを取ると、周りに誰かがいて窮屈です。仲間が周りにいると気になり、思い切った表現もできません。周りに誰もいなければ、少々断られても気になりません。清々しい空気の中、さわやかな気持ちで電話すれば、気持ちもポジティブになります。ぜひ、一度やってみるといいでしょう。

POINT

電話でのアプローチは、「声」が勝負。声ですべてを表現しなければならない。ポイントは、親しみのある温かく優しい心、お役立ちの心を持った「声」。

3 「大事なことをお伝えしにきました！」という気持ちで話す

面会では、とにかく「笑顔」と「温かく、優しい声」が大切。電話は声だけの勝負なので、「親しみを持った温かく優しい声」で表現する、このようにお話ししました。

そうは言っても、現実には、お客様にそれが十分に伝わらず、厳しい断りを受け、悔しい思いをしている方が多いと思います。

「『笑顔』と『温かく、優しい声』なんてことは百も承知です。それをやってもわかってもらえないんです。だから、気持ちが滅入ってしまって、笑顔や温かい声なんてどうでも、よくなってしまうんですよ」

そんな風に言いたくなるかもしれません。いや、すでに言っているでしょう。

その気持ちはよくわかります。なぜならば、私も過去はそんな営業マンだったのですから。特に「説明型の営業マン」だった頃は、ひどい断りをよく受けました。そんな時は、文句が自然と心の中から湧いてきて、どうしようもありませんでした。

そんな営業マンに、笑顔や温かく優しい声が心から湧き出るとっておきの秘訣、そして、断りを受けてもめげずに笑顔や温かく優しい声を持ち続けられる、とっておきの秘訣を、ここでお教えしましょう。

第1は、**「お客様、大事なことをお伝えしにきました！」という気持ちを持つこと**です。営業マンというのは、これまで何度もお話ししてきたように「お役立ち人」です。商品・サービスを売る人ではありません。あくまでも役立つ情報をお伝えする人です。そして、その情報の中にはお客様が聞くだけで得をして喜んでいただけるもの、お役に立つものがあるのです。

だからこそ、「お客様、大事なことをお伝えしにきました！」なんです。「売るつもりなんてまったくありません。必要なら買ってください。私は、大事な情報をお客様にお伝えしたいだけなのです！」という気持ちで対応しましょう。

第2は、**お客様の気持ちをわかってあげること**です。お客様はこれまでに山ほど売り込みを受けてきて、「営業＝売り込み」と誤解していることもあるからです。ですから、お客様は「嫌がる、聞かない、すぐ断る」となるのです。「その気持をわかっていますよ！」という思いを乗せた「笑顔と温かく優しい声」で返すのです。それでも通じなかったら、そのときは「仕方がない。時期をあらためよう」と心の中でつぶやいて次にいきましょう。

最後は、**営業への多少の断りはむしろ当然だと思うこと**です。飛び込みをするにしても、電話でアポイントを取るにしても、それは営業マンサイドの勝手な事情にすぎません。お客様の状況なんてお構いなしに、こちらから勝手に時間を決めて、訪問したり電話するのです。お客様にも都合というものがあるのですから、それをわかっていたら、断られても怒り心頭なんてことになるはずがありません。ですから、受け止め、受け流し、「ニコッ！」でいけばいいのです。通じなければ、「仕方がない。時期をあらためよう」です。

POINT

「大事なことをお伝えしにきました！」という気持ちを持つ。売り込みを数多く受けてきたお客様の気持ちを理解する。「多少の断りはむしろ当然」と捉える。

4 最初の面会ではすぐ質問に入る

何度もお伝えしているように、営業マンはお客様のところに営業に行くのではありません。営業マンはお客様とコミュニケーションをしに行きます。

コミュニケーションをスタートさせようと思えば、お客様から話を引き出さなくてはなりません。電話であろうが面会であろうが、見ず知らずの人にお客様のほうから話をすることはないからです。

ですから、訪問したら、すぐさま訪問目的を告げます。短い言葉で、「○○会社の△△です。□□を提供しています。ご挨拶にお伺いしました」。飛び込みなら、このように言うのがいいでしょう。

あらかじめアポイントメントを取って訪ねた場合は、「○○会社の△△です。先日はお電話で失礼しました」と言えばいいのです。

この後、すぐさま質問に転じます。会って目的を言ったら、すぐさま質問です。よく、話の「間」が大事だと言われます。「間」とは相手に考えてもらう時に重要になります。落語などでの「間」がまさにそうです。聴衆に想像させるのです。

しかし、**会ってすぐの「間」はいりません。初対面の人を目の前にして、そこに間があると、相手は警戒心を持ち、余計なことを考えてしまうから**です。ですから間髪入れずに質問するのです。

ここからは、①飛び込みによる面会の場合、②電話アポイントの電話の場合に分けて、アプローチの仕方を点検してみましょう。他にも、ご紹介を受けた、会合で知り合うなど、アプローチの場面はさまざまありますが、どちらかに当てはまるでしょう。

◆飛び込みの場合

「失礼します。○○会社の△△です。今日は、ご挨拶に伺いました。資材関係の担当者の方はいらっしゃいますか？」

「私ですが、なんでしょうか？」

「ありがとうございます。私どもは御社で使われているA材料を扱っていまして、ご挨拶をと思いまして。お名刺交換よろしいでしょうか？」

「はい」

ここで名刺交換を行ないます。

「ありがとうございます。お時間少しだけいいですか？」

「はい」

「ところで、このお名刺によりますと……」

◆電話アポイントの場合

「失礼します。○○会社の△△です。資材関係の担当者の方はいらっしゃいますか？」

「私ですが、なんでしょうか？」

「ありがとうございます。私どもは御社で使われているA材料を扱っていまして、お時間少しよろしいでしょうか？」

「はい」

「ところで、A材料はすでにお仕入れ先はお持ちですよね？」

このように、飛び込みと電話アポイントでは多少の違いはありますが、いずれも質問形式で、お客様の了解を得ながら進めていきます。お客様から「はい」という返事をいただければ、多少なりとも落ち着いて話ができるからです。

仮に、「いいえ、忙しいので」「今のところ間に合っている」と言われたら、7章（「断り文句への対処法」）に入ればいいのです。

時間の了解をいただいたら、「ところで」という言葉で話を切り替えて、再び質問に転じます。

このように、**すぐ質問に入ることが重要です**。そうでないと、挨拶の言葉の後、「いいけど、どんなものを扱っているの？」とか、「いいけど、うちは間に合っているよ」などと、逆にお客様から質問や断りを受けてしまいます。すると、それ以上会話が発展せず、結局断られるのです。

ですから、**「ところで」と言って、すぐに質問をはじめ、先手を取る**ことです。このように、先手必勝がアプローチの秘訣です。質問を含めたコミュニケーションを展開して、営業マンが話をリードしていくのです。

POINT

会ってすぐに質問に入ろう。余計な「間」があると、お客様から質問を受けることになり、断られてしまう。

5 訪問型と来店型、アプローチはこう違う

営業のアプローチには「訪問型」と「来店型」があります。ここでは両者の違いについてお話しします。

「訪問型」とは、店舗を構えないで、こちらからお客様の事務所や店舗、ご自宅にお伺いする営業です。一方、「来店型」とは、自社店舗を構え、商品を展示して、お客様にご来店いただいて行なう営業です。訪問型の営業でも、展示会などを開く時は来店型となります。

訪問型営業と来店型営業ではアプローチは変わってきます。

◆訪問型営業のアプローチ

訪問型営業は、飛び込みなどに代表されるように、一方的にこちらから訪問するものなので、お客様は気持ちの準備をしていない状態です。アポイントを取って訪問した場

合でも、アポイントを取る際には一方的に電話するわけですから、その状況は変わりません。

訪問型のアプローチでは、訪問目的を伝えて、すぐさまお客様への質問に転じます。「ところで」の言葉をきっかけに質問をして、お客様の状況や興味・関心などを聞かせていただきます。そうしている間に、当社の提案したい内容に関する欲求を思い出し、お客様の焦点が絞り込まれてきます。

私たちは、日常生活の中で、さまざまなことを思って暮らしています。欲求についても、仕事のことや家庭のこと、個人的なことなどさまざまです。ですから、突然、営業マンが訪ねて、ああだ、こうだと話しても、お客様がそのことについて思いを巡らさないうちは話がふくらんでいきません。営業マンが商品やサービスについて考えているような状態にはないのです。

ですから、訪問型のアプローチでは、訪問目的を伝えて、そしてすぐさまお客様への質問に転じ、まずはお客様の状況や興味・関心を聞かせていただくことが大切なのです。

◆来店型営業のアプローチ

一方、来店型営業は店舗があるため、お客様は「実際に商品を見てみたい」という目的を持って来店される場合が多いと言えます。つまり、訪問型営業とは反対に、**お客様はある程度の欲求を持っている状態**です。

ですから、商品をすぐさまお見せして、お客様の質問に答えることになります。ところが、これが問題なのです。**来店したお客様の欲求のレベルはさまざま**だからです。近くに来たのでなんとなく立ち寄ったというお客様もいらっしゃいますし、十分に検討した上で来店されたお客様もいらっしゃるのです。

そのことがわからずにお客様の質問に答えていると、お客様を満足させることができない中途半端な回答になります。

すると、お客様は不満になり、「また、来ます」とか、「カタログをください。一度検討します」と言って立ち去られます。

こうした事態を防ぐのも、やはり「質問」です。ご来店時に、あるいは商品を少し見ていただいた後に、お客様の質問に少しお答えし、こちらから質問すればいいのです。お客様に抵抗がなければ、アンケートなどに記入いただくか、アンケート順に質問してもいいでしょう。これにより、営業マンはお客様が何を求めているか、具体的にどんなことを、どの程度欲しているかがわかり、的確にアプローチできるようになります。
また、お客様自身も具体的に質問をしてもらうことで、自分の欲求をあらためて自覚し、それをさらに高めたりするのです。

来店型営業の場合、「お客様が目的を持って来られているから」と安心すると、お客様の欲求を把握しきれず失敗します。**来店されたお客様であっても、欲求はまだまだ漠然としている**と思ってかかり、質問を展開するのです。その際には次のように言うといいでしょう。

「お客様、ご来店ありがとうございます。私どもでは、より、お客様のお役に立ちたいと思っています。そのためには、お客様の状況やお気持ちを聞かせていただくことが一番だと思っています。利用する、利用しないということについては、お客様ご自身で判断いただくことですので、私どもではお客様にご判断をお任せしております。ですから、安心して、お答えいただければと思っています。そういう意味で、少しアンケートにお答えいただけますか」

このように、**訪問型営業と来店型営業とでは、お客様への対応は異なります**。また、それぞれの営業の中でも、お客様の欲求のレベルに応じて、対応は異なるのです。お客様の欲求を見極めて、どう対応するかが営業マンの腕の見せ所ですが、その時に使うのが「質問」なのです。

POINT

「訪問型営業」と「来店型営業」とではお客様への対応は異なるし、お客様の欲求のレベルによっても、対応は変わる。質問で欲求レベルを見極めよう。

6 受付を突破する方法

会社や店舗に行ったら受付の女性がいて、「なかなか担当者に会えない」「社長に会えない」というお話をよく聞きます。また、ご自宅に電話したら奥様が出られて、「ご主人とお話ししたいのに、なかなか取り次いでくれない」なんて話もよく耳にします。

こうした場面の突破法をお話ししておきましょう。その方法は、**相手を味方につけ、協力を願うこと**です。

営業マンの多くは、受付の人を「やっかいな人」「営業マンを疑っている人」と捉えています。極端な場合、受付は「鬱陶しい存在」「営業マンの敵」とまで思っています。ここに、問題があるのです。

受付の方は、各担当者から「知らない人はつながないように」などと言われていることがあります。だから、なかなかつないでくれない受付は、しっかりと仕事をされているのであって、意地悪な人ではないのです。

家庭の奥様も、ご主人のことを心配して、あるいは余計な時間を使わせてはいけないと思って取り次がないのかもしれません。それはご主人思いの奥様なのです。

まず、この点を理解しましょう。その上で、例によって「質問」で受付の方と会話をはじめればいいのです。


「社長様は何時頃ならいらっしゃいますか？」

「外出することが多くて、わからないのですが」

「そうですか。もし、いらっしゃるとしたら午前中ぐらいですかね？」

「それもわからないんです」

「そうですか。実は、私どもの商品は多くの会社でお使いいただいて喜ばれているので、まずは情報をと思っているのですが。やはり、こういう電話が多くて、断るように言われていますか？」

「そうですね」

「ですよね。では、お話しできるようないい方法はありませんか？」

「そうですね……」

部下からも会社からも信頼される
中間管理職の教科書
ギスギスした職場を変えるリーダーの人を動かすQ&A
手塚 利男著 本体1500円

"好き・得意"を教える先生になろう!
「お教室」のつくり方
プロが教える「生徒さんに長く愛されるお教室」づくり
池田 範子著 本体1500円

最新版 図解 よくわかるこれからの
マーケティング
マーケティングの定石と最新知識を図解で徹底解説
金森 努著 本体1800円

一瞬で場をつかむ!
プレゼン 伝え方のルール
本番で緊張せずに「自分のペース」で話す技術
森本 曜子著 1400円

マイペースでずっと働く!
女子のひとり起業 2年目の教科書
起業後の「困った!」を解決する"経営"のキホン
滝岡 幸子著 1500円

トップ美容業コンサルタントが教える
驚異のカウンセリング会話術
客単価がアップするカウンセリングノウハウを公開
橋本 学著 1500円

飲食店を開店・開業する前に読む本
開業成功の「原理原則」と経営継続の「時流適合」
藤岡 千穂子著 1500円

1枚のシートで業績アップ!
営業プロセス"見える化"マネジメント
営業プロセスの見える化で効率よく業績改善を実現!
山田 和裕著 本体1800円

質問型営業で断られずにクロージング
営業は「質問」で決まる!
ただ質問するだけで、お客様自身が「買いたく」なる!
青木 毅著 本体1400円

説得・説明なしでも売れる!
「質問型営業」のしかけ
お客様に嫌がられずに販売できる「質問型営業」のノウハウ
青木 毅著 本体1400円

「ありがとう」といわれる販売員がしている6つの習慣
"ちょっとした"習慣でお客様が喜んで買ってくれる!
柴田 昌孝著 本体1400円

今すぐ身につき、自信が持てる!
新人のビジネスマナー
デスクに1冊あれば、グンと差がつき、自信が持てる仕事のコツ
元木 幸子著 本体1300円

過去問で効率的に突破する!
「宅建士試験」勉強法
「過去問を読むだけ!」で合格をめざす正しい勉強のやり方
松村 保誠著 本体1500円

モチベーションをキープして合格を勝ち取る!
「社労士試験」勉強法
合格への方程式は「品質×時間×目的×習慣」
牧 伸英著 本体1500円

独学・過去問で効率的に突破する!
「技術士試験」勉強法
余計な回り道をせず理系最高峰資格の合格ラインを超える!
鳥居 直也著 本体1600円

独学で確実に突破する!
「行政書士試験」勉強法
普通の人が、働きながら、独学で合格を勝ち取る方法
太田 孝之著 本体1500円

お客様が途切れない店はこうつくる！
1人のお客様が100回再来店する店づくり
リピート率94％！　カリスマサロン経営者の売上アップ術
石川 佐知子著　本体1500円

小さな運送・物流会社のための
業績アップし続ける3つのしくみ
人材不足でも勝ち残る運送・物流会社になる具体的手法
酒井 誠著　本体1600円

これからの中小店は「動画」で販促・集客しよう！
今こそ「動画」を積極活用し売上アップにつなげよう！
水越 浩幸著　本体1500円

いつもリピーターで予約がいっぱい！
“地域一番”繁盛院の接客術
「お客様のニーズを的確に探って叶える」実践ノウハウ
安東 久美著　本体1500円

「明日、営業に行きたくない！」と思ったら読む本
“営業の恐怖の洗礼”を確実に乗り越える30の処方箋
太田 和雄著　本体1300円

売れるコンサルタントになるための営業術
エージェント頼りにならない顧客開拓のノウハウ満載
五藤 万晶著　本体1500円

「ちゃんと評価される人」がやっている仕事のコツ
同じ仕事をしても、他の人より高い評価を受けるコツ
フラナガン 裕美子著　本体1400円

BtoBマーケティング&セールス大全
ターゲットの購買動機を引き出す手法や成功事例を紹介
岩本 俊幸著　本体1800円

ビジュアル図解
物流センターのしくみ
経済・流通活動にとって欠かせない物流センターの知識を解説
臼井 秀彰編著／田中 彰夫著　本体1800円

ビジュアル図解
物流のしくみ
幅広い業種と結びついている「物流」の全体像を解説
青木 正一著　本体1700円

「1回きりのお客様」を「100回客」に育てなさい！
90日でリピート率を7倍にアップさせる超・実践ノウハウ
高田 靖久著　本体1400円

スタッフが育ち、売上がアップする
繁盛店の「ほめる」仕組み
どんなお店でもすぐに使える「ほめる仕組み」を大公開！
西村 貴好著　本体1400円

図解　よくわかるこれからの
品質管理
入門者から管理者まで対応、品質管理の手引書
山田 正美著　本体1700円

不景気でも儲かり続ける店がしていること
たちまちお客があふれ出す「コミュニケーション販促」のすすめ
米満 和彦著　本体1400円

エステ・アロマ・ネイルの癒しサロンをはじめよう
お客様がずっと通いたくなる小さなサロンのつくり方
小さなサロンだからできる開業・集客・固定客化のノウハウ
向井 邦雄著　本体1700円

ミスを防ぎ、仕事をスムーズにする
オフィス事務の上手なすすめ方
当たり前の事務仕事の効率アップのノウハウを紹介
オダギリ 展子著　本体1400円

こうやって、自分の目的を堂々と伝え、相手の立場を理解し、質問でそれとなく聞くと、正直なところを言ってくれたりします。これは家庭への電話でも同じです。

どちらにしろ、**受付の方を煩わしく思わず**（それでは受付の方が可哀想です）、**対応してくれていることに感謝し、堂々と目的を告げること。そして受付の人の立場を理解しつつ、質問でそれとなく聞くこと**です。

そうすれば、受付の方はむしろ協力をしてくれるようになります。

POINT

受付の方は、営業マンの協力者。堂々と説明し、ねぎらいの言葉をかけた上で質問すると、いろいろなことを教えてくれる。

7 自分の心構えを変える「アファメーション」

本章のはじめに、笑顔と声の重要性についてお話ししましたが、それらをより素敵なものにするのは、営業マンの心構えです。また、お客様とスムーズにコミュニケーションが取れるかどうかも、営業マンの心構え次第です。

心構えとは心がけです。それは、**お客様に対してどのような気持ちで接するかという心の態度**といえるでしょう。

私たちの心の態度は、日々、変わります。こちらに好意的なお客様と出会えたら心は前向きになりますが、厳しいお客様に出会うと、後ろ向きになったり、落ち込んだりします。このように、心はコロコロ変わります（だからココロなんですね）。

ゴルフや野球などの一流スポーツ選手も、試合後のインタビューで「プレッシャーを感じました」とか「精神的にきつかったです」などと、自分の気持ちを表現することがあります。このように、鍛えぬいた一流選手でさえ、心をコントロールするのは難しいのです。ですから、まずはどのような状況でも自分の心がぶれないようにすることです。

このような心の態度を作る方法が**アファメーション**です。アファメーションとは、**自分の心に対して語りかける肯定的な宣言の言葉のことで、**自己暗示と言ってもいいでしょう。**自分に対して意識的によい言葉を選んで言い続けることによって、自身の心の態度を安定させ、自分の望む方向に進んでいく方法**です。意識、無意識の両方に働きかけ、自分そのものを変えていくほどの効果があります。

私たちの日常の受け止め方、感じ方、考え方、行動の95%は無意識に委ねられていて、意識してできることはわずか5%だそうです。そのため、自分で「ポジティブに受け止めよう」と思ったとしても、普通はなかなかそのようにならないわけです。

これに対して、アファメーションは意識・無意識の両方を変えてしまうくらい素晴らしい効果があります。だからこそ、心の態度を変えられるのです。

ただし、**その効果を上げるには、アファメーションを日常的に実践する必要があります。**たとえば、**お客様と接する前には必ずその言葉を言う**ことです。

電話をかける前、飛び込みに行く前、会合に行く前、面会に行く前、フォローに行く前など、ありとあらゆる場面でアファメーションをするのです。

そうしていくうちに、面会時に、お客様のあなたの言葉の受け止め方が変わっていくことがわかるでしょう。そして、いままでになく、笑顔で楽しく話が展開していることに気がつくでしょう。

これが、アファメーションの効果です。こうしたことを実感できれば、あなたは心の態度を前向きにするために、ますますアファメーションを活用するようになるでしょう。

では、どのような言葉をアファメーションすればいいかと言えば、**ご自身の心にお役立ちの気持ちが湧き上がってきて、心が温かくなったり、優しい気持ちになれるもの**がいいでしょう。なぜなら、あなたはお客様と心から話をしに行く必要があるからです。あなたは営業に行き、契約を勝ち取りに行くのではありません。お客様と心から話して、その結果として購入につながるのです。もし、アファメーションの言葉が思いつかなかったら、次のような言葉を使ってみてください。

「私はお客様のお役に立とう! お役に立とう! お役に立とう!」

お客様とコンタクトを取る前や面会する前に、何回も、何回も、何回も、自分に言ってください。しっかり、言い聞かせるように、何回も、何回もです。時には、これまでお役に立てたお客様の顔や出会いを思い出し、喜んでいただいた事実を思い出し、言い聞かせてください。これから会うお客様があなたと出会って喜んでくださっている姿をイメージして、言い聞かせてください。

すると、次第にあなたの心にその言葉が浸透してきます。あなたの体が反応を起こしはじめます。自然にうれしくなり、体が熱くなり、目頭が熱くなってきます。そして、体の内からやる気が湧き上がってきます。この時にこそ、あなたは純粋に「お役立ち」の行動ができるのです。この時にこそ、お客様にその気持が伝わるのです。

POINT

アファメーションはあなたの心構えを変える強力な道具。特に「お役に立とう!」というアファメーションはお客様の反応さえも変えていく。

8 アファメーションより効果のある「振り返り」

アファメーションも効果的ですが、もっと効果のある方法があります。それは、営業に限らず、人との会話の受け止め方や感じ方、考え方、行動までも変える方法です。つまり、あなた自身やあなたの人生そのものを変えるものです。したがって、当然、営業でもその成果は出てきます。それも無意識的、自動的、かつ自然に出てきます。

私はその効果を知った15年前から続けていますが、実行した日と、しなかった日とでは、明らかに差が出ることを実感しています。ですから、私は営業コンサルティングの受講生や、営業塾の塾生の方々に、これを毎日実行するように指導しています。この方々も、はじめは毎日行なうのが大変そうですが、その効果が実感できると、自発的に行なうようになります。そして、当然、それは営業成績に跳ね返ってきます。

では、その効果のある方法とは何か。それは、**その日1日を「振り返る」こと**です。今日起った出来事や人との会話を振り返ることです。毎日いろいろな出来事が起こります。また、人とも会話します。営業で積極的に行動を起こすと、会話する機会はさらに増えるでしょう。それらを「振り返る」のです。

夜寝る前や、翌日、仕事をスタートする前、それができなければ、昼休みや空いている時間でも構いません。とにかく、自分に起った出来事、人の言葉を振り返るのです。それを毎日行ない、習慣化します。

なぜ、「振り返り」に効果があるのか？　それは人間の習性に関係します。人には、「**自分が心の中で思っていることを、日常に見る、外側に見る**」という習性があります。これは、**自分の内側に見ているものを、外側に見る**、ということです。

たとえば、あなたが「車が欲しい！　ベンツが欲しい！」と思っていたとすると、外出時に道路に走っている車に目が向くようになって、その中でベンツをすぐ見つけることができるでしょう。「Aブランドのバックが欲しい！」と思っていると、あなたは人の持っているバックに目が向き、その中からAブランドのバックをすぐに見つけるようになるでしょう。

このように、私たちは、心の中で思っているものを、外側に見るのです。

同じように、あなたが心の中でどのように思っているかで、あなたに起こる出来事や人の言葉の捉え方が変わってきます。この「見る」というのは「受け取る」と言い換えることができます。つまり、**あなたの心の中の思いにしたがって、起こる出来事や人の言葉を受け取る**のです。

あなたの心がネガティブな思いであれば、出来事も人の言葉もすべてをネガティブに受け取ります。反対に、ポジティブな思いであれば、出来事も人の言葉もすべてをポジティブに受け取ることができるのです。

出来事をポジティブに受け止めれば、そこにチャンスを見つけたり、アイディアを発見したりします。人の言葉をポジティブに受け止めれば、会話は楽しく、盛り上がり、その結果、提案ができたり、営業につながったりします。

さらに、今日をポジティブに生きることができれば、明日はますますポジティブになり、その勢いは増します。あなたの人生はますますポジティブになり、ネガティブは消滅してしまうのです。こうして、私たちは自分の人生をポジティブに作り上げることができるのです。

ポジティブに作り上げるには、どうするか。それは、1日を振り返り、その日の出来事、人の言葉のすべてを見直すことです。そして、それを紙に書き出し、客観的に振り返るのです。
紙に書くという作業は非常に効果的です。私たちは主観的にものを見過ぎています。いつも自分側からしか見ていません。ですから、**一度紙に書き出し、客観的に見るのです。そうすることで、その日の出来事や人の言葉が客観的に見えて冷静に判断できるようになります。**

振り返る習慣こそが、私たちをポジティブにしてくれます。そのポジティブとは一日を感謝で満たすことです。つまり、感謝できる日々こそが、私たちをポジティブにし、人生を楽しめるようにしてくれるのです。

POINT

「振り返り」の習慣は日常の出来事、人の言葉をポジティブに変える。それは一日を感謝で満たし、自然にポジティブにする魔法。

②素直にうれしい。気分がいい。電話が楽しかった。
③３件とも私自身がお役立ちの気持ちで現状を素直に聞け、その提案ができたことで、いいアポにつながったのだと思う。
④本当によかった！　私と素直に話してくださった３人のお客様に感謝します。△△さん、○○さん、□□さん、ありがとうございます！　このようにお役立ちの気持ちで電話できた自分にも感謝します。自分にありがとうございます！

◆よくなかった場合の例

①今日、お客様からクレームの電話をいただいた。
②申し訳ないという気持ちとともに、厳しいお言葉に落ち込んだ。がっくり。
③気持ちは落ち込んだが、このことから重要なことを学んだ。それは、自分の思っていることと、お客様の思っていることは違うということだ。それがわかった。だからこそ、お客様の気持ちをいつもよく聞かないといけないということだ。
④気づけて、本当によかった！　この気づきを与えてくださった今日のお客様に感謝します。お客様の△△さん、ありがとうございます！　この改善のきっかけになったクレームに感謝します。ありがとうございます！　このように受け止め、改善できた自分にも感謝します。自分にありがとうございます！

「振り返り」の進め方

次の順番で書き出してください。

①その出来事や人との会話の状況を書き出します。

②それをあなたがどのように受け取ったか、その感じ方、思い方を素直に書き出します。

③よかったことは「なぜ、よかったのか」。よくなかったことは、「それによってどのような気づきを得たのか」を書き出します。

④このように書き出すことによって、その出来事、人との会話が自分にとってプラスになっていると受け取り、感謝を表明します。

よかった場合は、あらためて「本当に、よかった！」と受け止め直し、さらに、「このような機会を与えてくれたことに感謝します！　△△さんありがとうございます」と感謝を表明します。そして、そのことができた自分にも感謝を表明します。

よくなかった場合は、「気づけて、本当によかった！」「本当によかった！」と受け止め直し、さらに「この学びの機会を与えてくれた△△さんに感謝します。△△さん、ありがとうございます」「改善のきっかけを与えてくれたこの出来事に感謝します。この□□、ありがとうございます」と感謝を表明します。そして、そのように学べた自分にも感謝を表明します。

◆よかった場合の例

①今日、電話でアポイントが３件取れた。どれもが非常に好意的で、しっかりと約束の時間を取れた。

5章 質問型アプローチ 第2段階 短時間で人間関係を築き、お客様をオープンにする

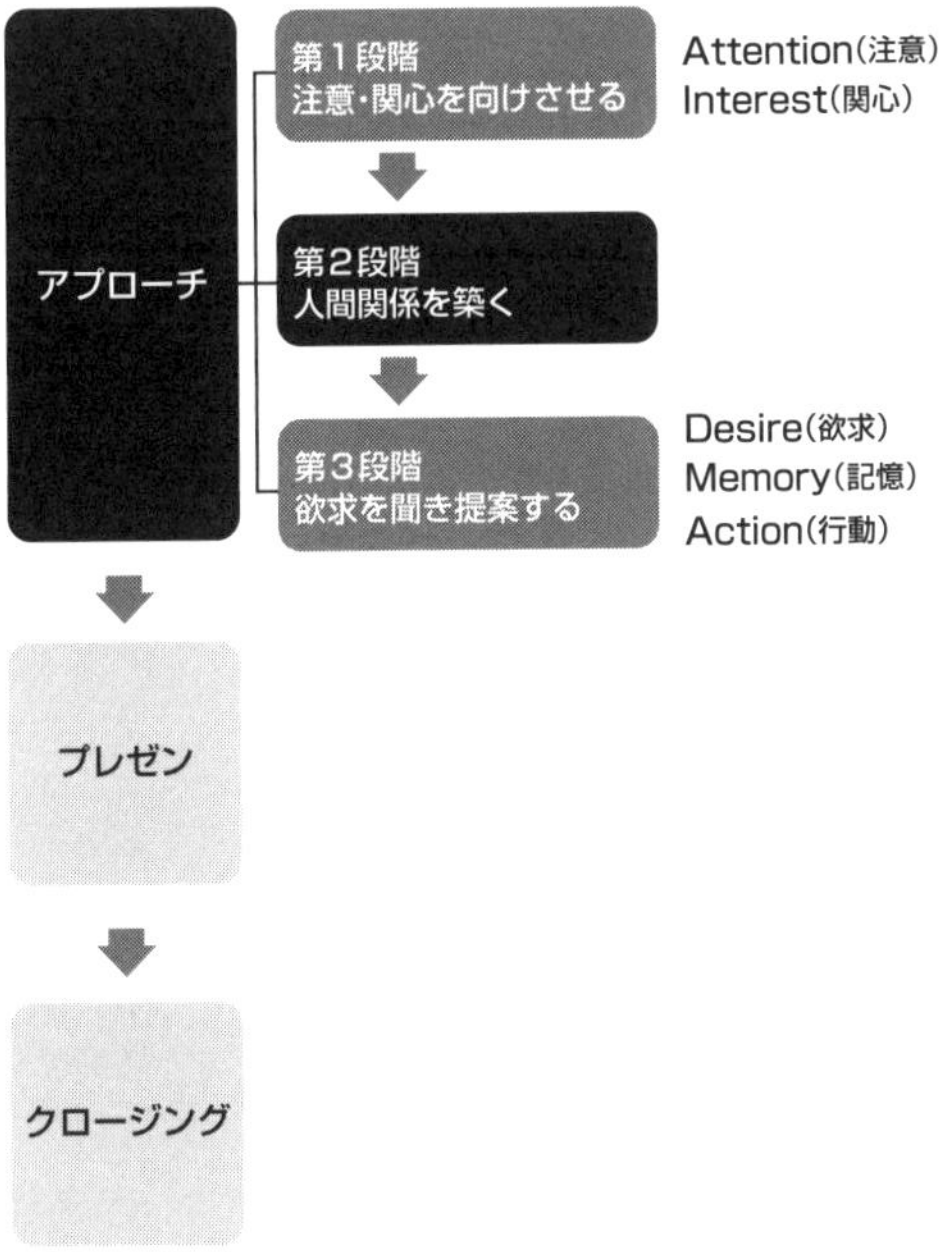

1 個人的なことを質問すれば、すぐに信頼関係が築ける

ここからは、アプローチの第2段階です。第1段階は、「AIDMAの法則」の、①Attention（注意）と②Interest（関心）に対応していました。つまり、お客様の注意を引き、こちらへの関心を持っていただく段階です。

①、②の後にただちに「③Desire（欲求）」に入るかというと、実は、間に ひとつの段階を入れるといいのです。それは、短い時間で人間関係を作り、信頼を勝ち得て、お客様にオープンになっていただくための段階で、これがアプローチの第2段階となります。

①Attention（注意）➡②Interest（関心）➡ **信頼関係を築く** ➡③Desire（欲求）
➡④Memory（記憶）➡⑤Action（行動）

私には、若い頃から営業について指導していただいている先生がいます。その方のお陰で今日があるといっていいでしょう。現在、私が提案している質問型営業はその方の指導を受ける中で、私が実践してたどり着いた方法です。その指導の中には、いかにしてお客様と人間関係を作るか、も含まれていました。

私が若い頃、先生から次のように教えていただきました。

「そもそも、お客様との人間関係を作るのに、何回も足を運ぶようであれば、それは二流の営業マン。一流の営業マンはたった一度の出会いでお客様と信頼関係を築く。信頼関係が深まると、1時間も話せば涙を流し、思わず立ち上がって、営業マンに抱きつく人も出てくる。そして、そのお客様はこう言われる。『あなたのような人と出会えたことが私はうれしい。来てくれてありがとう』と」

私は、この話を聞いた時に深く感動し、必ずこのような営業マンになろうと決意しました。それ以来、どうすればそんな営業マンになれるのかを研究し、実践してきました。それが、この章で示すアプローチの第2段階なのです。

実は、アプローチの第2段階は、営業の域を超えています。このことは、実践してきた私自身が、誰よりも強く実感しています。

私には数多くの友人がいますが、ほとんどは仕事や営業を通して知り合った人ばかりです。すでに25年以上つき合っている方も多く、たまにお会いして一緒にお酒を呑んだりもしますが、そうした関係は、このアプローチの第2段階からはじまっています。

つまり、**これは単なる営業ではなく、出会った人と親しくなり、その人と親友になる方法でもあるのです**。仕事で人間関係を結ぶ方法としてよく挙げられるのが接待やゴルフ、飲み会ですが、第2段階を使えば、それよりもはるかに短時間で親密になることができます。

具体的には、何をするのか？

それは、**その人の歴史や個人的なことを質問すること**です。私たちは仕事でお客様のところにお伺いすると、どうしても仕事の話だけになりがちで、お客様の歴史や個人的なことを聞かずにいます。多くの人が、「仕事の話でお伺いしているのに、そのようなことを聞くのは失礼である」と思っているようです。特に、最近は個人情報に気を使うようになったのでなおさらです。

ところが、そんなことはないのです。

質問すれば、どんどん話してくれます。もしあなたが個人的なことを聞かれたら、抵抗なく話をするのではないでしょうか。**人が自分に関心を持ってくれるのは、とてもうれしいことだから**です。お客様も同じです。

万が一、答えづらいことであったら、ちゃんとそう言ってくれますから、遠慮することなく、お客様に興味・関心を持っていることを伝え、聞かせていただけばいいのです。もちろん、その際には自分のことも話していいでしょう。そうすることで互いをわかり合うことができます。

すると、どんな関係になるでしょうか。互いの過去を知っている、互いの苦労したことやうれしかったことを知っている、互いの家族のことも知っている、そんな関係――そうです。親友なんです。**お客様と互いのことを話し合うと、親友同士のような関係を築けるのです**。互いのことをわかり合える人になれるのです。

POINT

お客様の歴史や個人的なことを質問し、自分の歴史や個人的な話もする。すると、お客様と親友のような関係になれ、本音で話し合えるようになる。

2 過去、家族、子供の頃の環境や両親のことを聞く

これは、特に時間がある場合に、聞くのに適した内容です。あるいは、相手が真のお客様になってから聞かせていただき、さらに人間関係を深めるために使ってもいいでしょう。

それは、その人の過去、家族、子供の頃の環境や両親のことを聞くということです。特に子供時代の話は重要です。私のコンサルティングを例にお話ししましょう。

私は質問型営業のコンサルティングをしています。4〜6人のグループを作り、2週間に1回のペースで、4ヶ月間の質問型営業研修を行なうというものです。1回4時間、しっかり行ないます。そこでは、質問型営業の方法を「アプローチ」「プレゼンテーション」「反論対処法」「クロージング」「お役立ちの信念」「目標達成法」と順番に指導していきます。また、前回の研修から2週間でどんな変化があったか、営業の振り返りもしっか

り行ないます。そして、その合間の週に電話かインターネット電話で、個別コーチングを実施します（これは当社スタッフが担当します）。この研修とコーチングの初回に行なうのが、その人の個人的なことを聞く「個別ヒアリング」です。

なぜこうしたことをするかというと、個人的なことを聞くことによって、互いの信頼関係がしっかりしたものになるからです。その中で、特に聞いておいたほうがいいものが、**子供の頃の育ち**なのです。「三つ子の魂百まで」と言いますが、やはり**子供の頃にどのように育てられたかは、その後の人生に非常に強い影響を与える**からです。

ご自身に当てはめて考えると、おわかりになると思います。

どういうところで育ったか、どのような家だったか、父親はどんな人だったか、母親はどんな人だったか、何人兄弟でどんな兄弟だったか、幼い頃はどんな子供だったか、小学校、中学校、高校、大学ではどんな学生だったか、熱心にやったクラブ活動や好きなスポーツは何か――これくらい聞くと、もうその人の性格が見えてきます。

たとえば、その時の質問と会話は、次のようになります。

「△△さんは、たとえば小学校の頃はどんな子供だったのですか？」

「私は、引っ込み思案で人前に出されるのがいやでね。おとなしい子供でしたよ」

「そうなんですか。実は私も同じような子供でしたよ。私の場合はそれがいやで、無理に自分にかっこをつけて、かえって墓穴を掘りましたね」

「そうですか。それは大変でしたね。私の場合はね。それもできなくてね。そうそう、小学校の低学年の頃だったかな。実はね……」


子供の頃の話から、こうしてどんどん思い出話をしてくださるのです。それによってその人のことがよくわかり、合間に自分のことも話してわかってもらえるようになるのです。これが先ほどもお話しした、「互いのことがわかり合え、親友のようになれる」ということなのです。

POINT

過去の話、特に子供時代の話から、その人を理解できる。互いに話し合えば、互いにわかり合え、親友のようになれる。

3 場面別・第2段階の使い方

アプローチの第2段階は、場面によってやり方が異なります。アプローチにはさまざまな方法があって、個人的なことを聞ける場合と、そうでない場合があるからです。ここでは、それぞれの状況に応じたやり方をご紹介します。

①飛び込みで名刺交換をして話す場合（会社なら名刺交換、個人宅なら名刺をお渡しする）

この場合は、**いろいろと聞かせていただくことは難しいでしょうから、ワンポイントで聞く**ことになります。企業であれば、企業名の由来か名前の読み方を聞く、あるいは事業内容や現在の状況などを質問してもいいでしょう。

個人であれば、家族状況などを質問することです。

②電話でアプローチして、担当者と話ができる場合

この場合は第2段階を飛ばして、次の第3段階に入ります。つまり、提供する商品・サービスの周辺のことに関して現状・欲求・解決策を質問します（6章で詳しくお話しします）。その中で、**タイミングを見て、差し戻してこの第2段階に入ります**。そして、企業であれば、企業の歴史、内容等を質問し、個人であれば家族構成などを質問します。

③電話でアプローチしてアポイントが取れた場合（10分ほどの面会）

この場合は、基本的に時間を取ってくれているわけですから、もし、立ったままで話が進むようでしたら、「どこか、座ってお話できませんか」と言いましょう。これは失礼なことではありません。お客様が気づいていないだけです。座る場所がなかったりする場合はお客様からそう言ってくれます。遠慮する必要はありません。時間はいただいていますが、一応、「お時間は大丈夫ですか？」と確認した上で、堂々と話をしていいのです。そして、その時間を利用して、飛び込みの場合よりももう少し深く質問し、第3段階（6章でお話しします）に入ります。

④知人に紹介された方や知り合いの方にアプローチする場合（30分ほどの面会）

この場合は③よりもさらに質問を深めればいいでしょう。まずは15分の時間を会社か個人に絞って質問します。そして、残りの時間で第3段階のことを質問します。話の流れで、お客様が興味を持ってくださった場合は、プレゼンテーションに入れることもあります。「次のお約束は何時ですか?」と聞いて、その後、プレゼンテーションに入れるかどうかを見極めます。

⑤電話や紹介を通じて、あるいは知り合いなどで、ある程度目的を伝えてあって、プレゼンテーションもできる場合

この場合は、お客様にこちらの提案を聞きたいという気持ちがあるわけですが、そう思って簡単に話を進めると、話が上滑りになるので注意が必要です。それを防ぐためには、お客様の状況を質問して、互いにわかり合ってからプレゼンテーションに入ります。この時に、この第2段階のことも聞くのです。この場合、次のように言います。

「お客様、今日、私はお客様の時間をいただきましたので、少しでもお役に立つお話ができればと思っています。当社の商品・サービスの内容を聞いていただくことは嬉しいのですが、その前に、まず、お客様のことを少し聞かせていただけますか。そのほうがよりお役に立つお話ができると思いますので」

いかがでしょうか。

アプローチの状況によって、第2段階のやり方が違ってきます。

いずれにしても重要なのは、**話す時間の多少はあるにしても、会社のこと、または個人的なことを質問するよう心がける**ということです。また、そのことに合わせて、あなた自身のこともお話しすればいいでしょう。互いをわかり合った上で話をすると、同じ話でも、その深さが違ってくるのです。

また、話の中でお客様を褒めることも重要でしょう。いいところや素晴らしいところを見つけて、褒めるのです。そうすると、こちらのことも認めてくれ、さらに深い話ができるでしょう。

POINT

第2段階で互いがわかり合うことは、第3段階で深く本音で話し合うために重要。時間の多少はあっても、必ず第2段階を設けること。

4 第2段階が、「お役に立ちたい！」という自分の純粋な動機を高める

第２段階は、お客様との信頼関係を高め、親友のようになることが大きな目的ですが、それだけでなく、さらに重要なことがあります。

私は、第２段階の重要性が10年以上かかってわかるようになりました。なぜ理解することができたかをあらためてお話ししたいと思います。

そもそも、人はどうすれば動くか？

それは「感動」によってです。感じれば動くのが人間であって、「理動」という言葉はありません。つまり、理屈で人は動かないのです。

たとえば、この商品・サービスが、理屈の上ではすごくいいと思っても、それだけではお客様は買おうというところまで至りません。多くの場合、その商品・サービスを買

うのは緊急性があるからです。**どうしても必要になった場合に買う**のです。だからと言って、お客様の緊急性が迫るまで待っていたら、いつ購入していただけるかわかりません。

私が過去に販売していた、人材のモチベーション教育のサービスなどは、特にそうでした。効果が見えにくいため、お客様は緊急性をなかなか感じません。やればいいのだろうとわかってはいても、急にやったからといって効果も見えにくいものです。私は当時、どうすれば採用いただけるかを随分研究しました。そこでわかったことは、お客様の「欲求」が高まらないと採用には結びつかないということでした。問題は、欲求が高まるためにはどうすればいいかということです。

その当時、このことについて随分悩んでいましたが、なかなか解答が見つかりませんでした。いろんな営業の本を読み、人の話も聞いてみましたが、どうもしっくりいきませんでした。

1回の面会でうまく噛み合い、契約できた時もあれば、何回面会しても、いつまでたっても契約にならないと時もありましたが、なぜそうした違いが出るのかがわかりませんでした。唯一わかったのは、**話の内容が深まっていたかどうか**でした。

要は、**話が深まればうまくいき、深まらなければうまくいかない**、ということです。

では、どうすれば話が深まるかですが、結局はお客様がどれだけ真剣か、お客様の欲求がいかに高いかという結論づけしかできませんでした。それが、ある局面からわかりだしたのです。それが、お客様の「欲求」を高める方法でした。これがわかるのに、12年の歳月を要しました。ある営業場面で、その方法の解答を得たのです。それが、２章の終わりに書いた中小企業経営者への営業場面でした。

その後、私はその時と同じような形になるように営業の場面を意図的に運ぶように努めました。そうすると、話が深まっていき、独特な空気、雰囲気、エネルギーに包まれ、契約に入っていけたのです。それで私は確信しました。この方法は間違いない、と。

それは、営業マンが商品・サービスのメリットを伝えたりしてお客様の欲求を高めることではありません。お客様自身にその商品・サービスについて目に見えるようにありありと思い描いてもらって欲求を高めることでもありません。

それは、**営業マンとお客様との共同作業を通じて欲求を高める方法**でした。**互いの信頼関係の中で、その欲求をどうすれば実現できるか、どうすれば課題を解決できるかを**

模索する方法だったのです。

この場合、主役はお客様です。応援者、サーポーター、ナビゲーターが営業マンです。この役割のもとに、欲求の実現に向けて、課題の解決に向けて話し合うのです。これが、次の第3段階でお話しする「欲求を見極め、引き出し、高める方法」だったのです。

しかし、その前に、第3段階で充実した話し合いをするためには、この第2段階こそが重要なのです。第3段階の土台になるのが、この第2段階なのです。特にその中でも、お客様のことを聞かせてもらうことが重要なのです。

経営者なら、なぜこの会社を作ったのか、お勤めの方なら、なぜこの会社に入ったのか、個人的なことなら、どのような人生を生きてきたのか、こうしたことを質問することによって、その人の人生が見え、その人の思いが見えてくるのです。

お客様がお話しになる苦労話や嬉しかったことは、まさにその人の思いと生き様の凝縮です。そんなことを聞かせてもらうと、心の中からふつふつと「なんとしてもお役に立ちたい」という思いが湧き上がってくるのです。つまり、**この第2段階は、まさに営業マンの「お役立ち」への純粋な動機を高める段階**なのです。

そのお役に立ちたいという動機が、お客様にも伝わり、信頼関係を増し、2人の間の空気、雰囲気、エネルギーを高めるのです。そして、それが第3段階でお客様の本音をますます引き出し、欲求を引き出すことになるのです。

POINT

第2段階で個人的なことを聞く真の理由は、「なんとしてもお客様のお役に立ちたい！」という、純粋な動機を養成するため。

5 「訪問型」でも「来店型」でも、一度は第2段階に入って人間関係を作れ

再び、第2段階の使い方を、「訪問型営業」と「来店型営業」に分けてお話ししておきましょう。

訪問型営業では目的を告げた後、第2段階に入り、人間関係を作ります。

来店型営業では、来店されたお客様の目的を聞き、多少なりとも質問に答えた後で、第2段階に入り、人間関係を築きます。

どちらも、第2段階に入ることによって、今現在の欲求や個人的なことまでわかってきて、アプローチが非常に展開しやすくなります。

特に、来店型営業では、この第2段階を意識していないと、お客様の質問に答えることに終始し、大方、商品・サービスの説明だけになってしまいます。そうすると、他社の商品・サービスと価格の比較検討になり、他社から相見積などを取られてしまいます。

これはお客様としては、当然のことです。

こうした事態を避けるためには、営業マンは差別化をはからなければなりません。それには、質問でお客様の欲求を知ることです。質問型営業のやり方は、お客様のお話をしっかり聞き、お客様の気持ちをしっかり満足させてあげられる、ということです。**それができれば、多少の価格差なんかは関係なくなります**。

このことは訪問型営業でも同じです。

そのために、個人的なことを聞かせていただく第２段階は、お客様との信頼関係を作り、本音で欲求を聞く土台です。特に、日本人は義理、人情を重視しますので、その効果は絶大です。おおいに使って、その効果を確かめてください。

POINT

訪問型でも来店型でも、第２段階の質問に意識を向けることは他社との差別化につながり、効果的。

6 世の中のお客様は、要望を聞いてもらえていない

これまで第2段階のことを詳しくお話ししてきましたが、個人的なことを聞くのが、いかに人間関係を一気に深めるかをご理解いただけたでしょうか。

営業マンはつい自分の商品・サービスを売り込むことに躍起になりがちです。

家電量販店でパソコンなどを見ていると、店員が飛んできて、性能や機能の素晴らしさ、価格の安さを一所懸命に話してくれます。

百貨店で服を見ていると、これまたすぐに店員が飛んできて、デザインや服地のよさを説明してくれます。

展示会に行けば、各ブースで商品の素晴らしさが語られ、その周りでは担当者がカタログや試供品を配ることに懸命になっています。

どの営業マンも売り込むことに必死です。それも汗だくでやっています。それを聞か

される お客様も大変です。

「どのようなものをお探しですか？」

「どのような機能をお望みですか？」

「どのような目的で使われるのですか？」

こうした質問を足がかりに、要望を聞いてくれる営業マンがどれほどいるでしょうか。だから、**質問するだけですぐに売上が上がる**という現象が起きるのです。

私自身も、質問型営業のコンサルティングで企業、個人に教えていますが、私の感覚では営業マンの90％は説明型営業をしています。しかも、説明することに躍起になっています。今こそ、お客様に質問して、そして個人的なことも聞いて、本当にお役に立つための営業を展開していただきたいと感じています。そのための人間関係を作る、この第２段階の方法を役立てていただければと思います。

POINT

お客様に質問して、個人的なことも多少聞いて、本当にお役に立つための営業を展開しよう。そのために、人間関係を作る第２段階の方法を役立てよう。

6章

質問型アプローチ 第3段階
お客様の欲求を最大限に高めて、プレゼンに入る

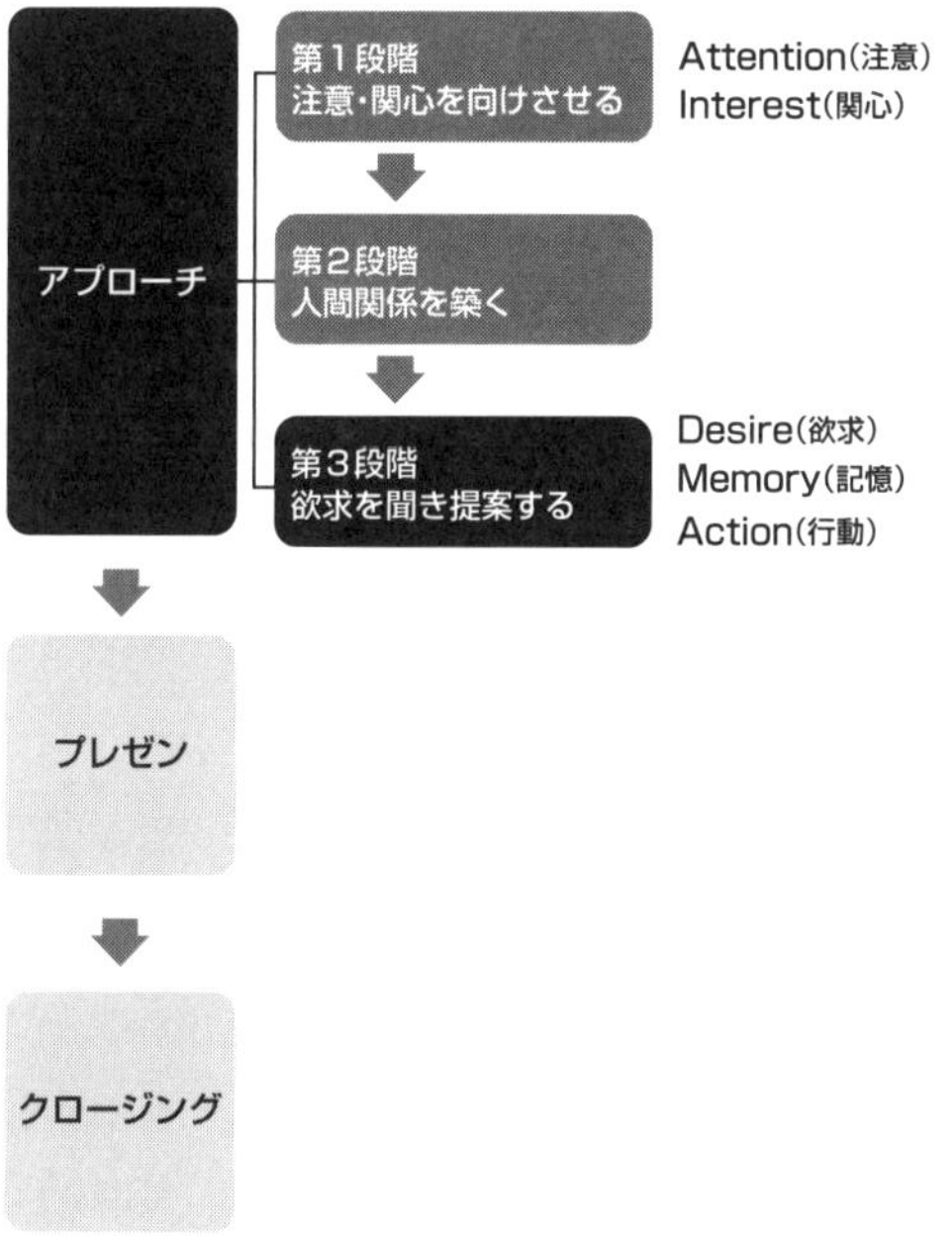

1 お客様の欲求を浮き彫りにする、アプローチの第3段階

いよいよアプローチの第3段階です。「AIDMAの法則」の③Desire（欲求）、④Memory（記憶）、⑤Action（行動）の段階です。

①Attention（注意）→②Interest（関心）→**③Desire（欲求）**→**④Memory（記憶）**→**⑤Action（行動）**

お客様が営業マンと話す中で、欲求を高め、記憶に残し、ただちにプレゼンを聞きたいという気持ちになるのがこの第3段階です。

そのためにはどうすればよいか。

本来、アプローチでは、お客様は「買う」ことを考えていません。ですから、その状態でカタログやパンフレットを出されて説明されても困るのです。インターネットが普

及して以来、時代は大きく変わり、たいていの情報は自分なりに手に入れることができるようになりました。ですから、お客様に営業マンが商品説明をして、欲求を高めて販売（説明型営業）しようとすると、お客様は困るのです。そうした営業は、お客様に情報が届かなかった時代の話です。

これからの時代は、営業マンが質問して、お客様の欲求を明確にする、あるいは、情報が氾濫しているからこそ、営業マンが質問してお客様の欲求を整理していく時代です。それを行なうのが、アプローチの第３段階です。

アプローチの第１段階ではお客様の注意、関心を引き出しました。第２段階では、お客様と営業マンの人間関係を作りました。その上で、第３段階では、プレゼンを自発的に聞いてもらうために、お客様の欲求を引き出し、整理していくのです。**その意味で、第3段階はアプローチの最も重要な場面**と言えます。

ここでカタログやパンフレット、チラシの類を出されると、お客様は「売り込まれている」と敏感に感じ、一気に防御の姿勢に転じてしまいます。第１段階、第２段階を経てきても、第３段階で〝売り込み色〟を出すと、冷めてしまうのがお客様です。「あー、売りたいがために今まで私の話を聞いていたのね」「そのために時間を使ってくれていたのか」と、興冷めしてしまいます。だからこそ、アプローチの第3段階は**お客様に勘違いされないように慎重に進める必要がある**のです。

では、どうすればお客様の欲求を引き出し、整理していけるのか。

それは、**流れに沿って、徐々に欲求を浮き彫りにする質問をする**ことです。お客様の欲求は、お客様の心の中にあります。ですから、営業マンの質問によって、お客様にその欲求を「言葉」にしてもらわなければわからないのです。営業マンだけでなく、お客様自身も、自分の欲求をはっきりとわかっていないことが多々あるのです。「流れに沿って質問する」ことで、心の中にある欲求が整理されていき、はっきりとわかってくるのです。

欲求というものは、目に見えないものです。ですから、営業マンだけでなく、お客様自身も自覚できないでいるのです。それを言葉にすることで、はじめて自覚できるようになるのです。

POINT

アプローチの第3段階は、お客様の心の中にある欲求を営業マンの質問によって言葉にして、互いが確認できるものにすること。

2 第３段階－①「現在の状況」を聞く

欲求を引き出すためのステップ①は、**現状を聞くこと**です。お客様が自分の現状を話すことで、欲求があぶりだされます。たとえば、個人への商品・サービスの営業であれば次のような具合です。


「お客様のお子様はおいくつですか？」

「17歳と15歳です」

「そうですか。育ちざかりですね。男の子ですか？　女の子ですか？」

「上が男で、下が女です」

「そうですか。じゃ、高校生と中学生ですか？」

「そうなんです。上の子は高校２年で、下の子が中学３年です」

このように現状を話すだけで、お客様は頭の中でいろいろなことを思い出します。「まだこの先、教育費がかかる」とか、「上の息子の大学の学費を用意しなくては」「下の娘は受験だ」「もう少し広い家がいる」など、日頃、夫婦で話していることや、子供たちとの会話などが頭をよぎるのです。

つまり、**こうした現状についてのなにげない質問から、お客様は自然と欲求を思い出していく**のです。「どういうこと望んでいますか?」「何が課題ですか?」とストレートに聞くよりも、現状を聞いて、自然な形で自分の欲求について思い出してもらったほうがいいのです。

次は、あなたが聞きたい周辺の状況を聞いていきます。たとえば、

住宅販売の営業マン「そういう中で、ご自宅については考えられますか?」
塾関係の営業マン「そういう中で、教育については考えられますか?」
保険・貯蓄関係の営業マン「そういう中で、資産形成などについては考えられますか?」

と質問すればいいのです。

ここで役立つのは**「そういう中で」というまとめの言葉**です。このひと言を使って、次の質問に結びつけます。もし、話が広がり過ぎたら、「ところで」と言って割り入り、話を元に戻して、再び質問すればいいでしょう。

要は、**質問によって話を絞り込んでいく**のです。そして、自分の提供している商品・サービスの周辺に関連する興味・関心について深堀りし、聞いていけばいいのです。

なお、こうした質問は事前に考えておきます。

話を絞り込んでいく過程では、**「たとえば？」「具体的には？」**と質問するだけで、十分深堀りできます。また、話が進み、お客様の気持ちを深堀りし、本心が聞きたくなったら、**「ということは？**（どういうことですか？）」と質問すればいいのです。

このような形で、お客様の現状をしっかり質問していくと、ますます欲求があぶり出されていきます。このように、**最初に現状を聞かせてもらうことが非常に重要**なのです。お客様も、現状のことなら、プレッシャーを感じず、話しやすいのです。

私も過去に、お客様の現状を聞いている間に、お客様から「自分は何を思っていたかが、あらためてわかったよ」「自分の大事なものがわかったよ」「本当にしなければいけないことに気がついたよ」という声を何度もいただきました。

このように見てみると、現状をしっかり聞かせていただくことが、後の話の展開をスムーズにさせてくれると言えます。

現状を質問していく中で、もうひとつ忘れてならないのは「共感」です。お客様に答えていただいたら、大きくうなずき、しっかりあいづちを打つことを忘れないようにしてください。共感とは、相手を認め、全面的に受け入れるということです。第3段階のように、いよいよ話が本筋に入ってきた時には特に重要です。この共感のうまい下手によって、その先、話がうまく展開するかどうかが決まってくるので、共感をくれぐれも忘れないようにしてください。

POINT

第3段階のスタートは、お客様の現状を聞くこと。また、自分が提案したい商品・サービスの周辺の質問を事前に仕込んでおいて、それを質問する。

3 第３段階－②「欲求（課題）」「取り組み状況」を聞く

お客様の現状について質問していくと、お客様のいろいろなことがわかってきます。また、お客様自身も、それまで以上に、自身が置かれた現状がよく見えてきて、自分の気持ちを把握できるようになってきます。そして、その気持ちの中にある欲求に気がつくのです。

その時に、こう質問してあげます。

「このような現状の中、もう少し――であったらなぁということはありますか？」

このひと言がきっかけとなり、お客様は自分の「欲求」にあらためて気がつくといってもいいかもしれません。

「本当は――のようにしたかったんだ」

「実は――のようにしたいんだが」
「今までも――のようにしたがったのだがね」

このように、欲求はいろいろな表現となって現われます。「難しいと思うけどね」という言い訳からはじまり、恥ずかしそうに言われるかもしれません。「あっ！」と何かを思い出し叫ぶように言われるかもしれません。「そうなんだよね」と自分をあらためて納得させるように言われるかもしれません。

その言葉を捉えて、さらに次のように質問してあげてください。

「それは、どういうことですか？　もう少し、具体的に聞かせてもらいますか？」

すると、お客様はうなずきながら「実は……」と今まで心に留めておいた自分の思いを話しはじめます。それを、「そうですか」「なるほどね」と、共感しながらじっくり聞いてください。「たとえば？」「ということは？」と、さらに質問しながら聞いてあげるのです。

そんな営業マンのサポートに支えられながら、お客様はどんどんと話しはじめます。

それは、まるで芋を地表に引っ張り出すように、芋づる式にどんどんと出てきます。話が具体的になればなるほど、ありありと描かれ、現実味を帯びてきます。こうしてお客様の欲求はますます高まります。その様子は、お客様の表情を通しても感じられるようになります。

そうなってきた時に、さらに質問してあげます。

「お客様の望んでおられること、よくわかりました。では、それについて現在何かされておられるのですか？」

「何かしようと、考えられているのですか？」

多くの場合、「やったんだけど……」「何もやっていないな」と言われるかもしれません。

そこで、さらに「それは、どういうことですか？」と聞きます。

これはお客様にとっては少々きつい質問になるかもしれません。あらためて現実に引き戻されるからです。

しかし、現実を見ることによって、「行動への欲求」が高まってきて、「やらないといけないな……」「なんとかしないとな……」「やっぱり、やりたいよな……」となるのです。
こうなれば、「ＡＩＤＭＡの法則」の終盤に近づいたと言えます。

POINT

第3段階のステップ②は、お客様の「欲求」を聞くこと。現状に対する気持ちを十分に聞いたら、そのために何をしているかを聞く。

4 欲求がはっきりすると、お客様の「記憶」に残り、ただちに「行動」したくなる

あなたはこれまで営業マンとして、お客様の現状をゆっくりと聞き、質問し、そこから気持ちを聞き出し、欲求を引き出してきました。さらにそのための行動についても質問しました。

いよいよ最終段階です。ここでもう一度、お客様の欲求や行動に対する気持ちを聞きます。本音を聞かせてもらうために、こう質問します。

①「お客様、いろいろと聞かせていただき、ありがとうございました。お客様もお話しされていろいろ感じられたと思います。ところで、先ほど『本当は……のようにしたかったんだ』と言われましたが、これからの人生で、できるなら今のお話のことを実現したいと思っておられますか？」

②「もし、それを実現できる方法があれば、やりますか？」

と、「①欲求実現に向けた気持ち」と「②実現に向けた行動についての気持ち」を聞きます。聞くというより〝問いただす〟と言ったほうがいいかもしれません。

これがアプローチの第3段階の最終部分です。

実は**この2つの質問こそが、「営業マンとしての真価」が問われるところ**であり、営業マンの役割なのです。

営業マンの役割とは、お客様が望まれることをサポートすることであり、応援者であり、ナビゲーターなのです。お客様の希望を、より効果的に、そして確実に実現できる方法を提供するのが営業マンです。それがお客様へのお役立ちです。

ただ、主役はあくまでもお客様です。欲求に素直に向かうのも、それを実現する決断をするのも、行動をとるのも、そして、メリットを享受するのもすべてお客様です。この2つの質問をできる営業マンこそが、お客様の役割、営業マンの役割をわかっている真の営業マンなのです。

この最終質問は、お客様が本音を明かすものとなり、お客様の記憶に残る面会となるのです。そして、この2つの質問にイエスと答えられたお客様は、当然のように、ただちに「行動」を起こしたくなります。こうして商品・サービスについて詳しく話すプレゼンの段階に移っていきます。

このような段階を経て、プレゼンを迎えるお客様の気持は、当然、前向きです。営業マンもお客様の状況がよくわかっていますので、最高のプレゼンを行なうことができるのです。

POINT

第３段階の最後で、「①欲求実現に向けた気持ち」と「②実現に向けた行動についての気持ち」を問いただす。これこそが営業マンの真価を表わす質問。

5 お客様をランク分けすれば、間違ったアプローチがなくなる

前項で、営業マンはお客様に2つの質問をして、返答をもらうと書きましたが、これは「営業のすべてはお客様の意志によって進めていく」ということにほかなりません。もし、この2つの答えに「ノー」や「曖昧な返事」があれば、その時点で真意を聞けばいいのです。前項のような最終段階まで到達したのであれば、商品・サービスの説明である**プレゼンを聞きたいかどうかの意志を聞く**ということです。

こうしてお客様の意志を聞くことを「テストクロージング」と言います。テストクロージングは、アプローチだけでなく、営業のあらゆる場面で重要です。

要は、**お客様の真意をそれとなく聞く**ということです（これについては『質問型営業で断られずにクロージング 営業は「質問」で決まる！』に詳しく書いています）。

営業は「お願い」でも、「だまし」でもありません。何度も言うように、営業は「お役立ち」なのです。

ですから、アプローチでは、このテストクロージングを重視してください。それも、あらゆる場面で気軽にお客様の意志を聞くよう習慣化してください。興味や関心のない人に話をしても、どうせ採用されません。

仮に、しょうがなく採用してくれたとしても、そんな採用は、あなたのためにも、お客様のためにもなりません。「ひょっとして聞いてくれたら」「もしかして採用されるかも」といった〝しみったれた考え〟も捨てることです。

それよりも、テストクロージングでお客様の欲求と意志をしっかりと聞いて、お客様を見極め、次のようにランク分けすることです。

Aランク：すぐさま話を聞きたいというお客様

Bランク：興味があり、話を聞きたいとは思っているけど、今は仕事等が立て込んでいて落ち着かないなどという人。半年以内に話を聞かれそうなお客様（Bランクの人は定期訪問）

Cランク：興味は持っているが、今のところはそんなに急がないという人。この人には

案内やメルマガを送り続ける

この見極めは、業種や商品によっても変わります。

このようにテストクロージングの質問で見極めれば、間違った強引なアプローチがなくなり、出会った数だけお客様は増えていきます。

なぜ断られるかといったら、こちらが強引に進めるからです。強引さがなくなれば、断られることはありません。断られることがなければ、むしろ営業も楽しくなります。

その秘訣は、アプローチの第１・２・３段階を理解して、その順番に進めていくことなのです。

POINT

第1・2・3段階のお客様の返答によって、お客様をABCにランク分けすれば、間違ったアプローチがなくなり、出会った数だけお客様は増えていく。

6 アプローチの流れ

ここで、今までのまとめをしておきましょう。

これまで、アプローチの第1段階は興味・関心を引く段階、第2段階は人間関係を築く段階、第3段階は欲求を高め、提案する段階であるとお話ししてきました。また、「AIDMAの法則」についてもお伝えしてきました。それらをまとめると、次ページの図のようになります。

第1段階では、営業マンとお客様が出会い、会話を交わします。「質問型営業の質問手順」では、これが「挨拶」として表わされます。「AIDMAの法則」で言えば、「お客様が営業マンに注意、関心を向ける段階」となります。

第2段階は、営業マンが訪問（電話）の目的を告げ、会社や知人のことを質問し、自分のことも話し、人間関係を作る段階です。

質問型営業の流れとAIDMAの法則との関係

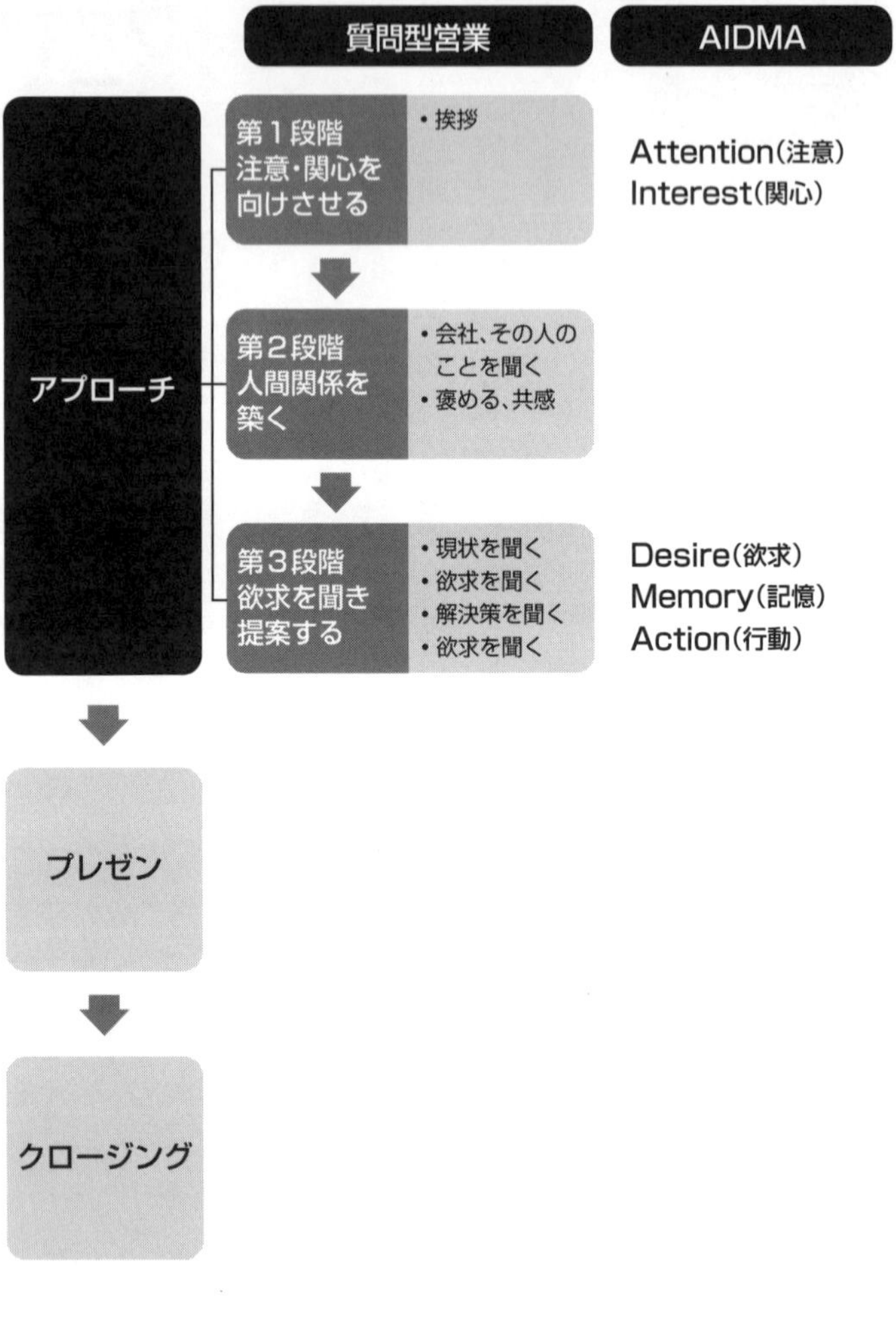

第3段階は、現状、欲求、解決策、欲求について具体的に質問します。「ＡＩＤＭＡの法則」では、欲求を高め、記憶に残る段階です。

３つの段階を経て、最終的にお客様が「行動」に移ります。アプローチにおける最終の行動とは、**プレゼンの時間を約束すること**になります。

なお、各段階に対する時間のかけ方は、お客様の状況によって変わるということを覚えておいてください。お客様の状況というのは、5章の3でお話をしたように、5つくらいのパターンがあって、それぞれの時間のかけ方に違いがあるのです。

ただ、**アプローチの順番や手順はおおかた同じ**です。

そして、特に大切なのは、**この第3段階を、電話、面会、プレゼン前に常に行なう**ということです。

たとえば「飛び込みでお客様と10分ぐらいの時間が取れたので、アプローチの第１・２・３段階まで進めることができました。ですから、次回、会った時には、すぐにプレゼンをします」とは捉えないでください。

なぜなら、飛び込みの場合、ほとんどが立ち話、あるいは腰かけても多少の話ができる程度であって、お客様はさほど真剣に聞いていないものだからです。

ですから、次の面会時には、こう言ってアプローチを繰り返します。

「先日はありがとうございました。今日はお客様に当社のお話をさせていただくということでお伺いしましたが、私どもにとって、大事なことはお客様のお役に立つことです。先日もお客様のお話を聞かせていただきましたが、よりお役に立つお話にするために、もう少しお客様の状況を詳しく聞かせていただきたいのですが、よろしいですか。重複するところもあるかもしれませんが、どうかよろしくお願いします」

こうして再度アプローチをします。

要は、**らせん階段を降りるようにアプローチを繰り返し**、内容を深めるということです。

特にアプローチの第3段階は重要です。何回も質問することによって話の内容が深まっていきますし、話に深く入り込むことで、お客様自身の気づきも多くなるからです。

たとえば、電話で5分、面会アプローチで30分、プレゼンで90分いただけたとしたら、各場面の前に必ず第3段階の質問を繰り返します。これはちょうど、映画の予告編をテレビで見て、ホームページで見て、そして劇場に見に行くようなものです。

特に重要なのは、**プレゼン前に再度質問すること**です。これについては、『「質問型営業」のしかけ』の６章を読んでみてください。私の言わんとすることがわかるはずです。

POINT

アプローチで重要なのは第3段階を、電話、面会、プレゼン前に、常に行なうこと。らせん階段を降りるように第3段階を繰り返し、内容を深める。

7章

アプローチでの〝ありがち断り文句〟にも、やっぱり質問で対応する

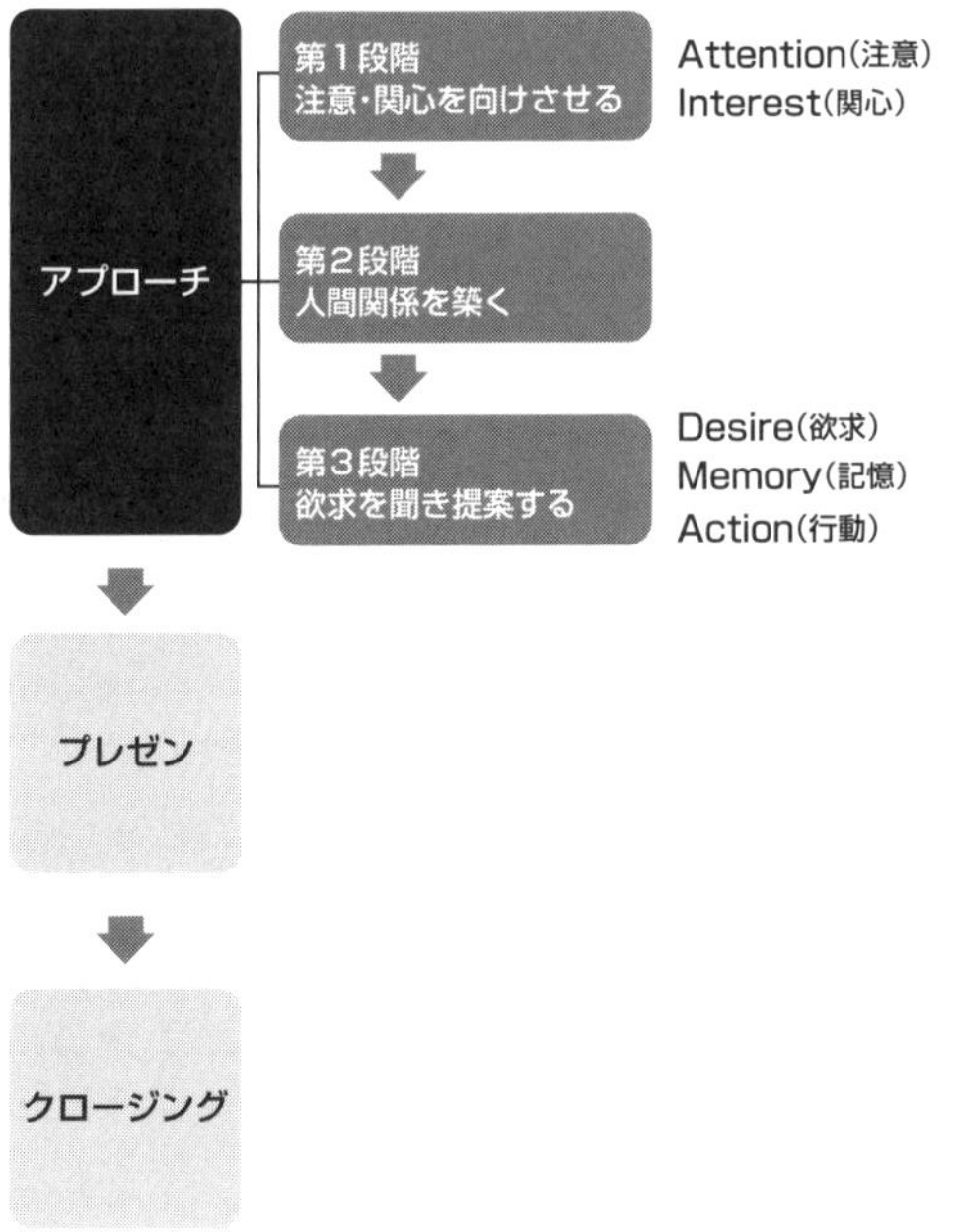

1 断り文句への対処法①「必ずお役に立てる」という自信を持ってお客様に接する

この章では、アプローチ段階でありがちな、お客様の「断り文句」について見ておきましょう。

営業マンであれば誰でも、断りを受けたことがあるはずです。断りの理由にはいろいろなものがありますが、**おおかた「時間」「お金」「興味・関心」の3種類に集約**され、こんな言葉となって返ってきます。

時間「今、忙しいんで」「今、ばたばたしているから」

お金「今のところは他にお金をかける余裕がないから」「いまは予算がないね」

興味・関心「今のところ興味がないから」「そういうのは今のところいいよ」

他にもさまざまありますが、ほとんどがこの3種類に分類されます。

なぜ、この3種類なのかというと、時間、お金、興味・関心という3つの事柄が、人にとって自覚しやすいからです。そのため、「時間がない」「お金がない」「興味（関心）がないから」と断りの理由にしやすいのです。

この3つの断りの理由は、結局「**メリットがあるかどうかわからない**」という理由に収斂されます。

時間＝時間をかけても、それを上回るメリットが得られるかどうかわからない
お金＝お金をかけても、それ以上の利益が得られるかどうかがわからない
興味・関心＝興味・関心を持っても、それ以上満足が得られるかどうかがわからない

要は、「かけた時間、お金以上のメリットが本当にあるのか？」「興味・関心を持っても、期待したような満足が得られるか？」ということです。

あなたも買い物に行かれた時に、お店の人にこう聞いてしまったことがないでしょうか。

「本当に大丈夫？」「本当にいいものなの？」「これって、間違いない？」と。

これは**不安の現われ**と言えるでしょう。それを買って、期待以上のメリットが得られ

るかどうか、不安なのです。

自ら進んで買い物に行って、たくさんの物の中から好きなものを選んだとしても、このような不安を表わす言葉を吐くものです。ましてや、営業マンが突然訪問してきたり、電話がかかってきたりしたら、不安どころか、大きな疑いを持ったり、不審に感じられても不思議ではありません。

このように冷静に考えると、お客様の断りに対する対処法が見えてきます。

対処法①は、「絶対的な自信」を持ってお客様に接することです。疑いや不審を持たれず、それらを拭い去れるようになるためには、「必ずお役に立てるという自信」を持って接するのです。

このように見てみると、結局はアプローチの第1段階に戻ってくるのがわかります。つまり、**「声」と「笑顔」によって、極力、疑いや不審さが感じられないようなアプローチをする**、ということです。

なんとなくおどおどしながらアプローチする営業マンや、挙動不審で落ち着きのない営業マンがいます。お客様に「断られるのではないか」「嫌がられるのではないか」という気持ちが、そうさせるのでしょう。その姿勢を切り替えて、「必ずお役に立てるという自信」のある姿勢で、飛び込み、電話アプローチに、堂々と立ち向かっていって欲しいのです。そうすれば、その分、アプローチで話してくれる人が多くなっていきます。

断りの対処を苦手にしている人や、よく断りを受ける人は、この章に立ち戻って、よく読んで、それを実行してみてください。

POINT

お客様の「断り」の理由は、「メリットが感じられない」に収斂される。それには、「必ずお役に立てるという自信」を持って堂々と立ち向かおう。

2 断り文句への対処法②

「共感」を2回伝える

前項でお話しした「必ずお役に立てるという自信」を持った姿勢で営業マンがアプローチすれば、これだけで断りは減少し、話してくださるお客様が増えてきます。

それでも断るお客様は、当然いらっしゃいます。そんなお客様への対処法②は、「**共感**」することとです。今まで共感について何度もお話ししてきましたが、断りにあった時も「共感」は極めて重要なのです。

ただ、その際にポイントがあります。

それは、断りに対して、その**断りの言葉をよく聞いて共感した上で、その言葉の意味に対してさらに突っ込んだ質問をし、共感をする**ということです。これを私は「**共感のダブル**」と言っています。

◆OK共感の例

①「時間」が理由の断り

「今、忙しいんで」(「今、ばたばたしているから」)

「そうですか。失礼しました。**相当**お忙しいのですか?」

「いや、今仕事がつまっていてね」

「そうですか。それでは、お忙しいのは当然ですね」

あるいは、こんな具合です。

「これから会議があるから」

「それは知らずに失礼しました。**今**からですか?」

「あと、30分後だけど、用意もあるからね」

「それは失礼しました。それならお忙しいのは当然ですね」

②「お金」が理由の断り

「今のところは他にお金をかける余裕がないから」(「いまは予算がないね」)

「そうですか。**他に**と言われますと、**何かに**投資をされたのですか?」

「今年は大きな機械にずいぶん投資したからね」

「なるほど、そうですか。それはお仕事の上で、重要なものなんでしょうね」

③ **「興味・関心がない」という断り**

「**今のところ**興味がないから」（「そういうのは今のところいいよ」）

「そうですか。と言われますと、**何かに**取り組まれているのですか？」

「今、やらないといけないことがあってね」

「そうなんですか。それで、そう言われるのですね」

このように、**断りの言葉に共感し、その言葉の意味に対してさらに突っ込んだ質問をした上で共感をする**、ということです。

するとお客様は、自分のことをよく聞いてくれて共感してくれているとわかり、疑いや不審の念が弱まります。

これが単に共感だけになると、次のようになります。

◆NG共感の例

① **「時間」が理由の断り**

――「今、忙しいんで」（「今、ばたばたしているから」）

「そうですか。それはお忙しいですね。ただ、すぐすみますので」

あるいは、

――「これから会議があるから」

「それは失礼しました。それは大変ですね。じゃ、すぐすませますので」

②「お金」が理由の断り

――「今のところは他にお金をかける余裕がないから」（「いまは予算がないね」）

「なるほど。いろいろいる物もありますものね。ただ、私どもの商品は安いですよ」

③「興味・関心がない」という断り

――「今のところ興味がないから」

「そうなんですね。ただ、この話は皆さんも興味を持たれますよ」


NG共感の例は、お客様の目には、「売り込みたいものがあって、それを聞いてもらいたいがために、単に自分に合わせてくれているだけ」としか映りません。

お客様の断りに共感し、もう一歩突っ込んで質問し、その真意を確かめた上でさらに共感することで、うわべで合わせているだけではなく、心から共感していることが伝えられます。この「共感のダブル」が、断りにうまく対処する鍵なのです。

POINT

対処法②は、「共感のダブル」。断りの言葉をよく聞いた上で、共感し、そのことに対してさらにもう一歩突っ込んで質問し、真意を確かめた上で共感する。

3 断り文句への対処法③ 「ところで」と「じゃ、もし」

断り文句への対処法③は、**「ところで」と言って話を切り替え、本題に入っていくことです。**

対処法①、②で対応し、最終的には「ところで、お仕事はお忙しいですか？」「ところで、お仕事の現状はどうですか？」などと質問し、アプローチの第3段階（6章参照）に入っていけばいいのです。つまり、現状を聞いて、欲求を聞き、解決策を聞き、そして再度欲求を確認し、提案に向かうということです。

この方法がうまくいく理由をお話ししましょう。対処法①で、お役立ちの姿勢で、自信をもってお客様に接しました。これによって、お客様が営業マンに日頃感じている疑いの念や不信感が、若干、弱まっていきます。

それでも断るお客様には、対処法②に入ります。つまり、共感した上で、もう一歩踏み込んで質問し、共感するということです。

その姿勢や対応を見て、お客様は心の中で、「**この営業マンは意外にしっかりやっているんだ**」とか、「**私の気持ちをわかってくれそうな営業マンだな**」と感じはじめます。

それに要する時間は、数秒から1分ぐらいのものですが、人間というのはすごいもので、わずかな時間のやり取りとその雰囲気で、こうしたことをしっかり感じるものなのです。


このような気持ちを持ちはじめたお客様は、「ところで」の言葉を入り口に質問されると、無意識に答えながら、その話題に入ってこられます。

もちろん、そうは言っても、それでも抵抗されるお客様もいらっしゃいます。現状を聞いたり、欲求について質問している時に、ふと、我に返って、「ま、でも、今はいいよ」とか、「また、今度、時間があったら聞くよ」などと言われることがあります。その時には、「じゃ、もし」と言います。


たとえは、こんな具合です。

「**じゃ、もし、今まで以上の方法なら、どうですか？**」

「**今までに見たことのないものであれば、いかがでしょうか？**」

こうして、お客様の欲求が高まるかどうかを確かめてください。その上で、続けてお客様にアプローチするかどうかを見極めればいいでしょう。

そして、話を続けられない時は、「一度お話を聞いていただければ、きっとお役に立つと思います。また、思い出していただいた時は、遠慮なくお電話ください」と言って、名刺をお渡しし、立ち去ればいいでしょう。

POINT

対処法③は、「ところで」と話を切り替えること。それでも断りの強い人には、「じゃ、もし」と仮定での話を投げかけ、その反応でお客様を見極める。

4 話してくれない人・偉そうな人・すごくしゃべる人への対処法

最後に、よくいただく質問にお答えしておきましょう。

質問1 **「いくら話しかけても、答えてくれない人にはどうしたらいいですか？」**

話してくれない人に対しては、「誘い水となる質問」を意識することが重要です。

「一般的には――と聞きますが、御社はどうでしょうか？」

「私は――と思ってたんですが、そうなんでしょうか？」

といったように、なるべく具体的に絞り込んだ質問をします。**質問によって、いかに刺激を与えられるか**がポイントです。

それでも話してくれないのであれば、もっとお役に立てる人のところに出かけていくことをお勧めします。とはいえ、一期一会で知り合った方です。「何かありましたら、お声をかけてください」と言って、次の訪問や電話へと、気持ちを切り替えましょう。

質問2　「上から目線で偉そうな人にはどうしたらいいですか？」

時には、嫌味っぽい話し方の「上から目線で偉そうな人」に遭遇することもあるでしょう。そうした人にも、やはり「質問＋共感」が何よりポイントとなります。

「社長、ずいぶんご活躍されていますけど、これまでどんなご苦労があったのですか？」

このように**過去の経験を聞いたら、しっかり共感することがポイント**です。共感し、認めて褒めることで、どんどん話してくれるケースがあります。それでもコミュニケーションがとれないようなら、出会えたことに感謝を申し上げ、立ち去りましょう。

質問3　「ものすごくしゃべる人はどうしたらいいですか？」

私も昔、半日ほど話を聞かせてもらったものの、こちらの話は聞いてもらえなかったことが何回かありました。今まで「まず、人の話を聞きましょう」とか、「最後まで人の話は聞きましょう」と教わってはきましたし、「営業マンとして話を聞いてもらうためには、まず聞くことだ」とも教わりました。

そうは言っても、限度があります。あまりに長く話すのであれば、適当な所で話を切り、「ところで」と言って話を本道に戻して興味・関心を探ります。もし、お客様に興味・関心がないようでしたら、早々に切り上げ、次のお客様に向かうことです。

いずれの場合でも、思い出していただきたいのは、「営業マンは何のためにお客様のところに行くのか?」です。もちろん、「商品・サービスを売りに行くのではなく、お役立ちに行く」のです。そのためにお客様とコミュニケーションをとって、いろいろな状況を聞かせていただくのですから、**コミュニケーションが取れる人かどうか**で判断してください。

POINT

自分にとって難しいお客様に対処するには、営業の原点に立ち返ること。それは、相手がコミュニケーションをとれる人かどうかで判断する。

8章 質問型営業が営業を変える！

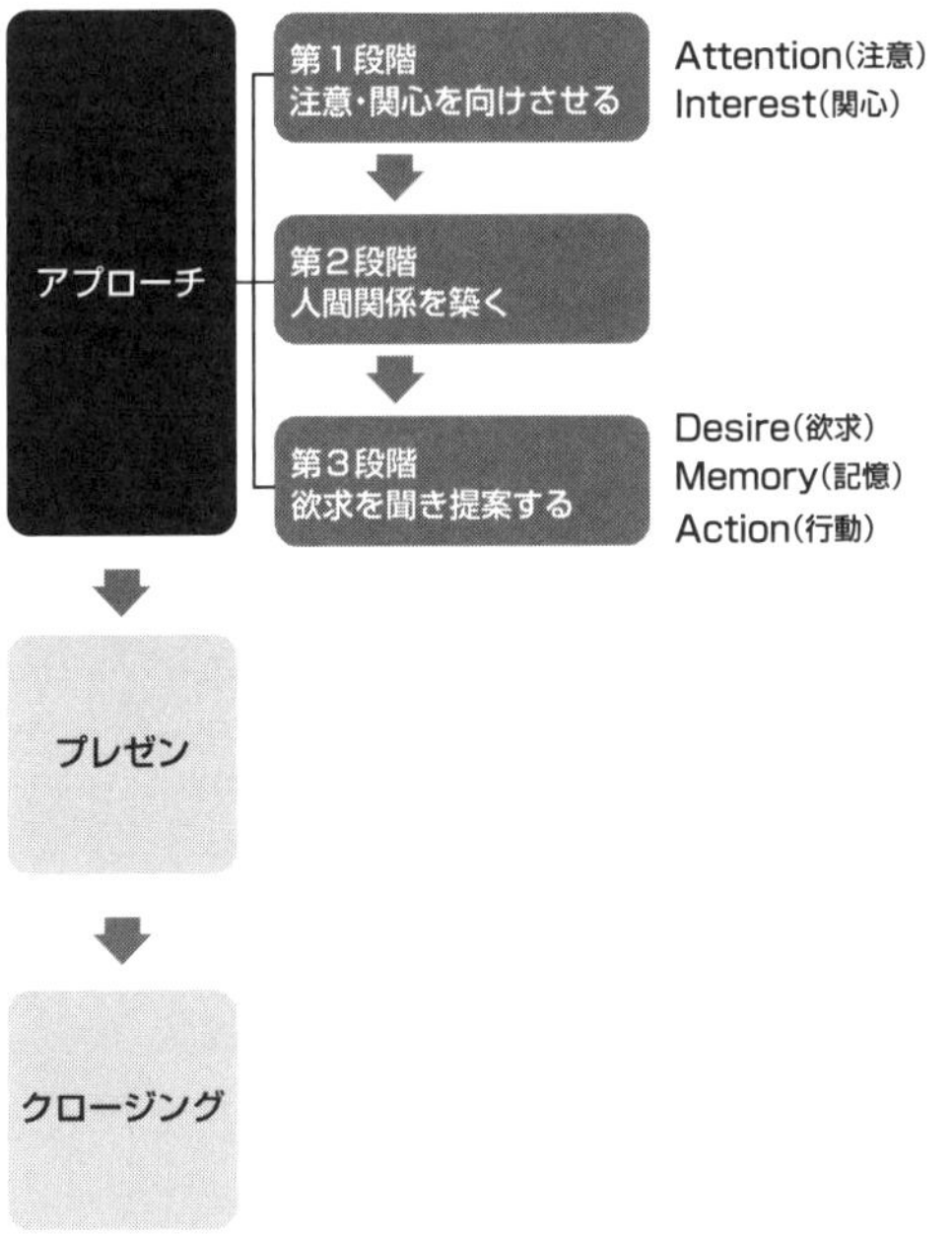

1 質問型営業が営業を変える！

私が質問型営業にたどり着いたのは、人材教育の営業に悩んでいた42歳の時でした。私は29歳でその仕事につきました。はじめは徹底的な「説明型営業」を行ない、多少なりとも成績をあげました。ところが、それがあだとなり、その後なかなかこの説明型営業を手放せなくなりました。というよりも、説明型営業しか知らなかったので、他にやりようがなかったのです。

この営業法は、営業マンを型にはめます。**お客様に型通りに説明するわけですから、自由がきかないのです**。どれくらい正確に話ができるか、聞かせることができるかが説明型営業の生命線です。

したがって、お客様もどこかで「説得された」という感覚が残ります。「自らの意志のもとに買った」という印象が弱いのです。自分の欲求や問題課題の解決に焦点を絞って聞いたというよりは、ただ説明を聞かされた、という感じです。

そんな営業を続けていくうちに、やがて行き詰まり感が増していきました。

そこで、当時、私は役員を務めていた会社を思い切って辞め、36歳で同じ営業の仕事で独立して、やり直しをはかりました。しかし、説明型営業から脱皮することはなかなかできませんでした。

そんな時に阪神大震災が起こります。そこで、それまでふんばってやっていたものが一気に崩れ落ちました。その頃に、たまたまご縁があって、不動産仲介業の営業に誘われました。私は自分の会社を一時閉め、不動産の仲介営業をさせてもらうことにしました。

この不動産の仲介業こそが、自分の営業を考える大きな転機になったのです。


不動産仲介では、主に一般のお客様のご自宅購入の仲介を行なっていました。ご自宅購入となると、最低1000万円から、高いものは億の買い物となります。お客様にとって、人生に何度とない決断を迫られます。それだけに、お客様は真剣です。

当然のことながら、私は熱心にお客様の相談に乗りました。住まいへの注文はもちろんのこと、資金計画から銀行との交渉など、一切合切相談に乗り、お客様は本当に私を信頼してくれました。購入に至るまでの過程で、問題が解決していくたびに、お客様の顔に笑顔が生まれ、喜びが少しずつ溢れていくのを感じました。

この時、私は「営業とは、お役立ちである」と気がついたのです。営業とはお客様とともに一つひとつの問題を解決していくという、「お客様へのお役立ち」だと気づいたのです。

もうひとつ、気づいたことがありました。

不動産は高額な買い物です。それだけに、自分が納得しないと、なかなか購入には至りません。「このお客様に向いている」と私が思った物件がいくつもありましたが、お客様が気に入らなければ、購入に踏み切ることは絶対にありませんでした。

この経験を通して気づいたのが、**「人は自分の思ったとおりにしか動かない」「人は自分の思ったとおりに動きたい」**ということでした。

お役立ちするためには、お客様がどのような欲求を持っているのか、何が問題なのかを知らなくてはなりません。ここに「質問」することの重要性が出てきました。また、お客様は思ったとおりにしか動かないのですから、何を思っているかを聞かなければなりません。ここでも「質問」が重要になってきます。こうして私の営業は「質問」主体に変わっていったのです。

この不動産での営業経験を経て、私はいったん閉めていた会社を再度、立ち上げることにしました。この時すでに、私の営業に対する感覚は、以前とはずいぶん変わっていました。私は不動産営業で得たことを、人材教育の営業に導入しはじめました。

そんな中、私が質問型営業へと大転換をはかった出来事がありました。本書の2章の5でお話しした出来事です。

私にとって、その出来事は衝撃でした。そして、はっきりと「営業は『売ること』ではなく、『買ってもらうこと』である」と確信したのです。それ以降、私の営業は180度変わりました。私にとって、その後の営業は奇跡、奇跡の連続といってもいいくらいです。営業が「苦しみ」から「楽しみ」へ、「売る」ことから「買う」ことへ、「感謝する」側から「される」側へと変わりました。

質問型営業を実践して、その何たるかをつかんだ人は、次のように言われます。「これを革命と言わずに、なんと言うのでしょうか！」と。

POINT

説明型営業から質問型営業への転換は、あなたの営業を「売る」ことから「買ってもらうこと」に変え、営業に革命を起こす。

2 最も変わるのは、アプローチ

説明型営業から質問型営業に転換することで、最も変わるのは「アプローチ」です。2番目は「クロージング」。3番目は「見込み客発見」。そして、4番目が「プレゼンテーション」となります。

それぞれ、どのように変わるかをご説明しましょう（参照：『質問型営業のしかけ』同文舘出版）。

◆クロージング

クロージングは非常に繊細です。お客様の心理を読み取りつつ、お客様が自ら購入へと進むようにしなくてはなりませんが、そのためには、お客様の気持ちを引き出す必要があります。この時、質問型営業が効果を発揮します。質問型営業では、気持ちを引き出すための質問を5段階で固定していますが、これによって、お客様の心のレベルをはかれるようになります（参照：『営業は質問で決まる』同文舘出版）。

◆見込み客発見

見込み客を発見するには、6章でお話ししたように、お客様の欲求レベルをはかり、ABCランク分けするために質問するのが一番です。商品・サービスにお客様がどれくらい興味・関心を持っているかは、質問して、お客様の気持ちを引き出してみないとわかりません。質問型営業では、お客様の見込みの度合いを欲求ではかります。それによって、お客様を見分ける力がつくとともに、欲求レベルを上げるための見込み客の育成意識も高まります。

個人的なことですが、私はいち早くHPを作り、メルマガを出し（ともに2001年）、より多くの人に自社をアピールするよう努めてきました。また、2004年頃に冊子を作り、2006年からは著作の出版もはじめています。

こうした活動は、質問型営業をする中で、「お客様の欲求がポイント」という意識が高まったからこそ実践してきたことです。おかげさまで、現在はこちらから営業するということがなくなりました。本を読まれたり、HP、メルマガをご覧になって欲求が高まったお客様が、自ら来てくださるようになったのです。

そのような〝欲求の強いお客様〟から質問型営業コンサルティングの依頼を受けます。すると、当然、熱心に取り組むので、成果を実感します。そうすると、継続して依頼をいただくことが多く、ご紹介もいただくようになりました。

◆プレゼン

質問型営業では、いかにお客様の欲求を引き出すか、がポイントです。ですから、たとえば1時間のプレゼンであれば、30分は欲求の引き出しのための質問をします。これに対し、多くの営業マンは、すぐ説明に入っているのではないかと思います。それでは失敗します。

質問型営業では、たとえアプローチでお客様の欲求を聞いていようとも、再度、しっかりとお客様の欲求を引き出した上でプレゼンします。

◆アプローチ

最後は、質問型営業になって最も変わる「アプローチ」。質問型営業によって、営業の段階の中で、これほどわかりやすくなったものはないでしょう。多くの営業マンがアプローチをどうすればいいか、どうすれば商品・サービスの話をお客様が自ら聞いてくださるかなどが、わからずに悩んでいます。たとえば、チラシを見たお客様が、こちらの商品・サービスに注目したとしても、そこからどうやってプレゼンまで持ちこめばいいかがわからないのです。この隙間を埋めるものこそがアプローチなのですが、そこで「待っていたら、らちがあかない。積極的に出よう」とすると、売り込みのように思われます。だから営業マンは非常に困ってしまうのです。

ここで、質問型営業を使えば悩まずにすみます。ポイントがすべて「欲求」だからです。質問型営業では、お客様の欲求に対して質問し、それを見極め、引き出し、高めればよいからです。別の言い方をすると、目に見えない欲求を質問によって言葉にし、それを営業マンだけでなく、お客様自身にも自覚できるようにする、といえます。こうしてお客様の欲求を高めていけば、プレゼンに運びやすくなるのです。

いずれにしろ、お客様の欲求を引き出し、意志を引き出すのが質問型営業で、それは従来の説明型営業のような「押す営業」とはまったく違うものなのです。

POINT

質問型営業は、営業の過程である「見込み客発見」「アプローチ」「プレゼン」「クロージング」のすべてを変える。

3 質問型営業なら、誰でも「アプローチ即決クロージング」ができる

私が人材教育の仕事を始めた当時、同じ仕事をしている代理店のA社長から「アプローチ即決クロージング」の話を聞きました。全国トップの営業マンでもあったA社長が、お客様とのこんな会話を紹介してくれました。

A社長「じゃ、あなたは私どもの教育をやっておきなさい」
お客様「わかりました。ところで先生、何をやるんですか」
A社長「おー、それを言うのを忘れておったのー」

大声で笑いながら、A社長がこんな話をしていたのを、昨日のことのように思い出します。これを聞いた私は「そんなことあるのだろうか？　だいたい、商品の説明もしないで、売ることなどできるのだろうか？」と、頭の中はいくつものクエスチョンマーク

でいっぱいになりました。不思議としか言いようのない、何か営業のマジックのようなものだと思いながら話を聞いていました。

このことを仲間に話すと、「そういうのを『アプローチ即決クロージング』というらしいよ。商品・サービスの説明をせずに買ってもらう方法なんだって」と教えてくれました。私はなおさら、「アプローチ即決クロージングなんて本当にできるのだろうか？」と思いました。ただ、いつかは自分もそんな営業マンになりたいと思いもしました。もう30年も前の話ですが、今でも鮮明に覚えています。

それから12年後、私はアプローチ即決クロージングができるようになっていました。そして、現在、私だけでなく、私が教えた営業マンの中からも、できるようになった人がたくさん出ています。だから今では、自信を持ってこう言えます。**「アプローチ即決クロージングは、誰にでもできる」**と。

では、質問型営業における「アプローチ即決クロージング」の方法をお話ししましょう。まず、「お客様は欲求が高まると購入する」というのが大原則です。それを踏まえた上で、

①まず、お客様の欲求を質問で引き出し、気づかせる

②その欲求をさらに質問で明確にしてあげることで、欲求が強まる
③そこで、その欲求を本当に叶えたいかを質問する
④その欲求を叶える方法があればやりたいかを質問する
⑤お客様の欲求は最高潮に達し、営業マンが「それができるのです！」と言い切る

この時、お客様は「自分の欲求について、これほどまでに真剣に聞いて、引き出してくれた営業マンはいない」と感じ、営業マンに感謝します。

それとともに、営業マンの専門性にひそかに感心しているのです。そんな心理状態の時に、営業マンから「それができるのです！」と言われたら、お客様は、この営業マンの言うことをやってみようと思います。

こうして、商品・サービスの内容を聞かずにお客様は心の中ですでに採用を決めてしまいます。これが、「アプローチ即決クロージング」です。

もちろん、その後のプレゼンテーションは切れ味鋭いものとなります。なぜなら、お客様の欲求がすでに明確にわかっているため、余計な話をする必要がないからです。

ただただ、その欲求をその商品・サービスで叶えることができるということを説明すればいいのです。ですから、説明に要する時間は極めて短くなりますが、お客様の心に突き刺さります。もはや商品・サービスを購入するかどうかを決めるために説明を聞いているのではなく、採用してからどう活用するか、という気持ちで説明を聞いているのです。

この原理がわかってから、「アプローチ即決クロージング」は私の営業の常識となりました。

POINT

「アプローチ即決クロージング」は、誰にでもできる。「お客様は欲求が高まると購入する」という原則に基づいていて、その欲求を質問で引き出すだけだから。

4 「わかった！」から、営業に革命が起こる

私が質問型営業を一般の方や企業に指導するようになって4年になります。『ビジネスリーダーの「質問力」』（角川SSC新書）を上梓したのがきっかけでした。この本を読んだ営業マンや企業の教育担当の方からの依頼でスタートしました。

質問型営業の指導は4ヶ月間で行ないます。この期間中に、研修だけでなくマンツーマン指導も実施していきます。3ヶ月くらい経つと、「青木さん、わかりました！」と言ってくる営業マンが何人も出てきます。「質問型営業のポイントがわかった」と言うのです。

おもしろいのが、聞いてみると、人によって言うことが違っている点です。

たとえば、アプローチの苦手な営業マンは、「営業とはお役立ちである」という原則を知ったことで、今まで躊躇していたアプローチ自体も「お役立ちだ」とわかり、楽に

できるようになったと言います。

クロージングでいつも手こずっていた営業マンは、「人は思った通りにしか動かない」という原則を知り、クロージングの場面で常にお客様がどう思っているかを聞けるようになって、クロージングを間違わなくなったと言います。

営業でお客様の欲求を高められなかった営業マンは、質問の段階を知り、「現状・欲求・解決策・欲求・提案」の順番で欲求を高められるようになったと言います。

このように、答えはさまざまですが、共通しているのは、研修が3ヶ月ほど進んだときに、皆が「わかりました！」と言うことです。そして、「わかりました！」と言った営業マンは、一様に成績を上げ、トップ営業マンとして社内で輝きはじめるのです。その勢いは研修が終わってもとどまることなく、ますます成績を上げていきます。

なぜ、研修が3ヶ月ほど進んだときに、皆が「わかりました！」と言うか、その理由は「コルブの経験学習モデル」から説明できます。

その内容は次ページの通りです。

私が質問型営業を作り上げてきた過程自体がまさしくこの流れに沿っていたのです。

コルブの経験学習モデル

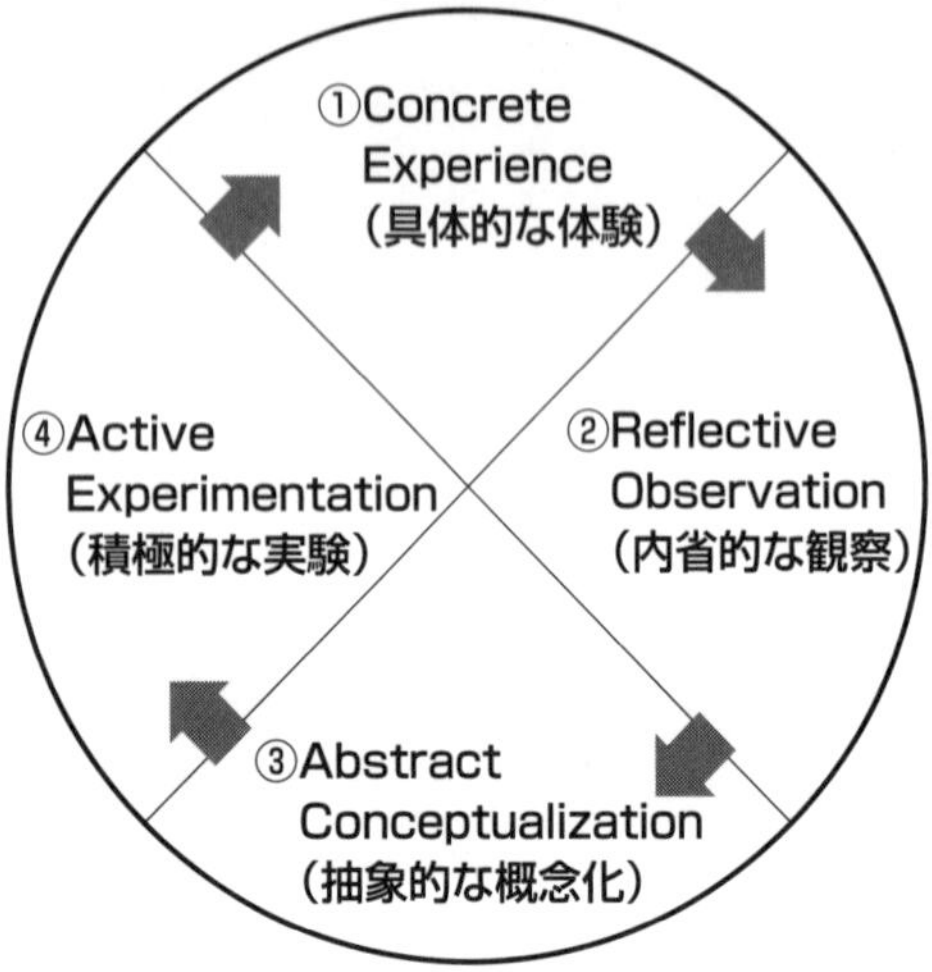

①具体的な経験をする
②その内容を振り返って内省する
③そこから得られた教訓を抽象的な仮説や概念に落とし込む
「ああー、そうか！」１回目の気づき
④③で得られたものを新たな状況に適用させて行動してみる
「やっぱり、そうか！」２回目の気づき
（以降、①に戻ってサイクル化）

参考　『経験からの学習 - プロフェッショナルへの成長プロセス』松尾 睦著／同文舘出版

私の場合、②の「内省的な観察」を、自分で開発した「振り返り法」（詳しくは4章）として行なっていました。

気づけば、私はコルブの経験学習モデルと同じような流れで教えていたのです。

私が実践していたのは、次のことでした。

①質問型営業の研修では、少人数（4～6人）で、営業のアプローチ・プレゼン・クロージングなどの各部分を、「原則と方法」を中心に指導する。

- 質問型営業の「原理と原則」を教え、参加者とともに検討する
- 今後行動しやすいように質問型営業の「方法」をロープレする
- 現場で具体的な行動をする

②毎日の営業の中で、振り返り法を行なう。そして、具体的に何があったのかを毎日書き出し、自分なりに内省してもらう。そこで得た教訓と「原則と方法」が一致することを確認してもらう。ここで、1回目の気づき「あー、そうか、わかった！」が起こる。

③4時間の質問型営業研修の最初の1～2時間（4ヶ月で8回）で、受講生が前回の研修以降（2週間前）、どのような経験を積んだかを具体的に聞き、「原則と方法」に関してあらためて気づいたことを聞く。私は講師の立場から、そのことが間違いないこ

とを後押しする。ここで、2回目の気づき「やっぱり、そうか、わかった！」が起こる。

私が指導している質問型営業の「原則と方法」は私自身が実践し、過去の受講生が実践して、確固たる成果を出しています。しかし、受講中の営業マンにとって、それは「理論」でしかありません。やってみないとわからない部分は必ずあるのです。

それを、研修と研修の間の2週間で振り返り、内省してもらうのです。この振り返りの積み重ねで、1回目の気づきの「ああー、そうか、わかった！」が起こります。その感覚を持ちながら、2週間後、研修に臨みます。そこでさらに体験を発表してもらい、私も講師の立場から一緒に振り返り、「原理と方法」が合っていることに落とし込んでいきます。このときに、2回目の気づきの「やっぱり、そうか、わかった！」が起こるのです。

質問型営業研修は、このような形で実施されます。そして研修がスタートして3ヶ月ほどすると「わかった！」となるのです。

車だって、免許習得から3ヶ月くらい経つと、一般道路を普通に運転できるようになります。質問型営業もこれと同じで、経験を積むことによって、誰にでもできるようになるのです。

POINT

質問型営業を習得する方法は素直に実践し、振り返ること。それによって、3ヶ月で「わかった！」が起こる。

5 「わかった！」を起こそう

この章でお伝えしたいこと。それは、**あなたもどうか「わかった！」を起こしてください**ということです。

私の30年にわたる営業人生は、「わかった！」の連続でした。私は決して器用ではありません。どちらかというと不器用で、コツコツ積み上げるタイプです。学生時代も勉強はそれなりにしかやりませんでした。スポーツは剣道をやっていましたが、決して強いほうではありませんでした。私にできることといえば、愚直に行動することだけでした。

そんな私は、29歳の時に営業に巡り会いました。それが私の人生を変えました。人材教育の営業は私を試すエキサイティングな場所で、そこから真剣な営業の勉強と実践がはじまりました。

とはいえ、私のことです。颯爽と登場して、あっという間に舞台に躍り出るような営業マンにはなりませんでした。自分で納得いく方法しかできず、過去には、そんな私を見て「もう少し要領よくやったら」と言う人もいました。でも、私には納得できないことはやれないのです。私にできることは納得して、一歩、一歩前へ、です。そんな私だからこそ、人一倍、自分なりの「わかった！」が多かったように思います。そして、「わかった！」を積み重ねていくにつれて営業成績も伸び、５年後にトップ営業マンになることができました。それは、実践して、自分なりに、自分の身体と頭で納得しながら営業に取り組んでいった結果です。

ですから、実践を通して、あなたにも「わかった！」を起こしてほしいのです。それこそが成長のバロメーターとなります。

質問型営業はすでに原則と方法ができています。それは私が30年の営業人生の中で実践し作り上げ、多くの人がそれによって成果を上げてきた実証済みのものです。私がたった１人で普及させてきた質問型営業ですが、今では上場企業で何社も採用されるようになっています。

では、質問型営業が身につくまでに、どれくらいの期間が必要だと思いますか？　実は、たったの４ヶ月で習得できます。３ヶ月で「わかった！」が起こり、革命が起こるのです。

素直に実践していただければあなたにだって大丈夫です。これまで何年も鳴かず飛ばずだった営業マンの中からも、右も左もわからない新人営業マンの中からも、もうすぐ定年の古株営業マンの中からも、革命を起こした人が何人も出ているのですから。

あなたも質問型営業の実践を通して、営業で「わかった!」を起こし、営業革命を起こし、そして人生に革命を起こしてほしいと願っています。

POINT

質問型営業の実践を通して、革命を起こそう。それは、やがて人生の革命につながる。

6 あなたの質問は、お客様の人生を変える大きなきっかけになる

本書の終わりに、私の若い頃の話をさせてください。私が人材教育の世界に入った、29歳の時の話です。

当時、それまで勤めていた食品会社が倒産したことで、自分の進路選択は間違っていたのではなかったかと悩み、これからどのように生きていけばいいのだろうかと迷っていました。考えても、考えても結論は出ませんでした。

そんな時に、ある営業マンと出会います。その営業マンは、能力開発教材を活用することを私に勧めてくれました。

彼が語った中で、「ノミのサーカス」という、非常に印象深い話がありました。ノミは1メートル以上飛ぶ脚力があるそうです。そのノミを小さなガラスの箱に入れると、当然ノミはガラスの壁に当たります。そのようなことを繰り返しているうちに、ノミはガラスにあたらないように飛ぶようになるそうです。その後、ガラスをとってやると、

このノミはどうなるか。彼は私に質問しました。

「青木さん、このノミってどうなると思う?」

「えっ……」

私は一瞬考えました。それは、ほんの数秒だったと思います。しかし、私はすべての時間が止まったように思えました。それは、深く、そして、静かな時間でした。まるで、映画の一場面で、映像が止まっているようでした。そして、私はおもむろに答えたのです。

「このノミ、飛ばなくなってしまうのかな」

「そうなんです。ガラスはすでにないにもかかわらず、もう飛ばなくなってしまうんです」

「そうなんだ……」

間髪入れず、彼は私に質問しました。

「青木さん、この話、どう思う?」

この質問は強烈でした。

このノミが私のことのように聞こえたからです。倒産した会社が見えないガラスとなり、私はそのガラスに打ちのめされ、その中で小さくなっていたのです。そんな私に向けられたのが、この2つの質問でした。

「青木さん、このノミってどうなると思う？」

「青木さん、この話、どう思う？」


この2つの質問は、私の心をえぐりました。そして当時、いくら考えても答えの出なかった私に、もう一度その門の前に立たせ、じっくりと向き合わせ、そして自ら答えを出させたのです。

そしてこの2つの質問こそが、私に決意をさせたのです。私は心の中で、こうつぶやきました。「一度や二度の失敗がなんだ」と。

この「2つの質問」こそが、その後の私の人生を決定づけたのです。

そして、さまざまな過程を経て、今ではこのように質問型営業のコンサルティング指導をしています。すでに30年も前の話ですが、私にはつい昨日のことのように思い出されます。

あの場面、あの質問がなかったら、間違いなく、今の私はありません。

「青木さん、このノミってどうなると思う？」

「青木さん、この話、どう思う？」

私は今も、この質問をしてくれた営業マンと、つき合っています。と言うよりも、私の親友として、今は定期的に会ってお酒を飲む仲になっています。

いかがでしょうか?

営業マンは間違いなく質問者です。そして、お客様に対するあなたの質問は、単なる商品・サービスの提供の入り口になるだけでなく、お客様の人生を変える大きなきっかけにもなり得るのです。

POINT

営業とは商品・サービスの説明ではない。営業とはお客様の欲求の「見極め」であり、それを「引き出し、高めること」。その結果、相手の人生をも変え得る。

おわりに

あなたは、この本を読み終えたところでしょうか。もしかしたら、すでに実践してみたかもしれません。

最後に、冒頭でご紹介した、アプローチに失敗している営業マンが、今どうなっているか見てみましょう。

①お客様に「あまり時間がないので」と言われたが、「そうですか。わかりました」と落ち着いて言い、早々に、訪問した目的を伝える。そして、「ところで、今回はなぜ時間を取ってくださったのですか?」と質問する。すると、「そうですね。実は……」とお客様から話しはじめたので、お客様の現状・欲求・解決策と順に質問する。最後に、「それならば、いいのがありますよ」と提案すると、お客様は興味を持ったようだ。
「ところで、お時間はまだありますか?」と言うと、「じゃ、応接間で待っていてくれる。用事をすましてくるから」って言われた。「なんだ、時間あるんじゃないの」

②お客様が「多少なら時間はあるよ」とおっしゃったので、「ありがとうございます。それでは、私どものご紹介の前に、少し、お客様のことを聞かせていただいていいですか。そのほうが、よりお役に立つ話ができると思いまして」と言う。すると「いいですよ」と言われたので、「ところで、現在、このご自宅には、ご家族は何人お住まいなのですか？」とお尋ねし、家族構成やご自身のことなど、いろいろ聞かせてもらった後で、現在の望みも聞く。「じゃ、今日はきっと喜んでいただけると思いますよ」と言うと、お客様は「それは、楽しみですね」と言ってくれた。「お時間は大丈夫ですか？」と言うと、「今日は空いてますから」と言われたので、そこからプレゼンテーションに入る。

いやいや、たいしたもんですね。どうしたのでしょう、この落ち着いた態度。堂々とした振る舞い。「いいぞ！　日本一、いや、世界一の営業マン！」と言ってやりたい気分です。

なぜ、このように営業のアプローチが変化したのか、本書を読まれたあなたならおわかりでしょう。

この本でお話ししたように、言葉でやり取りしながら進めていくのがアプローチです。営業マンは、自分の言葉に質問を仕込むのです。そしてお客様の欲求が高まるように順番に質問をすることによって、見事なアプローチに切り替わるのです。

今までやっかいだったアプローチが、この本によって楽しみのアプローチに変わります。そして、あなたはお客様の期待に応え、感謝される営業マンに変わります。あなたが楽しみながら成績を倍増されることを祈っております。

２０１３年６月　　青木毅

著者略歴

青木 毅（あおき たけし）

1955年生まれ。大阪工業大学卒業後、飲食業・サービス業を経験し、米国人材教育会社代理店入社。88年、セールスマン1000名以上の中で５年間の累計業績１位の実績を上げる。97年に米国人材教育リーダーシップ部門代理店に移籍。98年には個人・代理店実績全国第１位となり、全世界84ヶ国の代理店2500社の中で世界大賞を獲得。2002年にセルフコーチングの会社リアライズ（本社：京都府）を設立。ビジネスコーチングを大阪府職員などに５年連続で指導。08年自らが実践し、所属コーチにも指導してきた「質問型営業」を指導する営業コンサルティングをスタート。現在､大手カーディーラー、ハウスメーカー、保険会社などで指導を行ない、３ヶ月で成果を上げるその指導内容は高い評価を得ている。

著書に『ミッション・コミュニケーション』(あさ出版)、『ビジネスリーダーの「質問力」』(角川SSC新書)、『説得・説明なしでも売れる！「質問型営業」のしかけ』『質問型営業で断られずにクロージング 営業は「質問」で決まる！』（ともに同文舘出版）などがある。

連絡先　株式会社リアライズ

〒617-0826　京都府長岡京市開田4-4-11

TEL：075-953-6332　FAX：075-953-6333

質問型営業HP　http://www.s-mbc.jp/

コーチングHP　http://www.e-realize.jp/

質問型営業でアポ取り・訪問がラクになる

アプローチは「質問」で突破する！

平成25年７月12日　初版発行
平成30年４月10日　５刷発行

著　者――青木毅
発行者――中島治久
発行所――同文舘出版株式会社
東京都千代田区神田神保町 1-41　〒 101-0051
電話　営業 03(3294)1801　編集 03(3294)1802
振替　00100-8-42935　http://www.dobunkan.co.jp

©T. Aoki　ISBN978-4-495-52441-8
印刷／製本：萩原印刷　Printed in Japan 2013